GERD RINDCHEN

CRASHKURS
WEIN

Wein ganz einfach
entdecken und genießen

Hallwag

INHALT

1. DIE WINZER UND IHRE WEINE   8

Warum scheinbar gleiche Weine oft gar nicht vergleichbar sind

Der »Koch« der Weinberge: Der Winzer, der Wein aus eigenen Trauben produziert, ist vergleichbar mit einem Koch, der auch noch seine eigenen Zutaten erzeugt – was die extreme Unterschiedlichkeit theoretisch vergleichbarer Weine erklärt.

2. MIT DER LAGE FÄNGT ALLES AN   12

Wie Wein entsteht – der Weg vom Rebstock in die Flasche

Verschiedene Böden, was der Weinstock hier eigentlich leisten muss und was der Boden zurückgibt
Der Weinschnitt – weniger ist mehr
Wie Gärung funktioniert, bei Weißweinen, Roséweinen und Rotweinen
Die Bedeutung des Weinfasses

3. DIE WICHTIGSTEN REBEN 38

... und was man daraus macht

Portraits der gängigsten Weinreben
Cuvée – die große Kunst des Kellermeisters

WEIN – GANZ EINFACH GENIESSEN!

Was geht Ihnen durch den Kopf, wenn Sie an Wein denken?

Lassen Sie mich raten: Irgendwas wie »Hmm, lecker – aber schwieriges Thema«, »Kenn ich mich nicht mit aus« oder »Wüsste ich gerne mehr drüber, ist aber alles so kompliziert«.

Dabei ist Wein genau das Gegenteil: Ein wunderbares Genussmittel, das uns die Natur geschenkt hat, und das die Menschen seit Jahrtausenden begleitet!

Machen Sie sich frei von der Vorstellung, Sie müssten beim Wein wichtig daherreden, alle möglichen komplizierten Bezeichnungen auswendig wissen und über die Qualität der letzten hundert Jahrgänge referieren können. Wenn Sie in ein Autohaus gehen, suchen Sie sich ja auch ein Auto aus, das Ihren Preisvorstellungen entspricht, mit Ihrer Wunschlackierung und der passenden Motorisierung. Und kein Mensch, weder der Verkäufer noch der Werkmeister, erwartet von Ihnen, dass Sie den Motor auseinandernehmen und wieder zusammenbauen können. Nur beim Wein denken

immer alle, sie oder er müsse »Ahnung« haben, um mitreden zu können. Vergessen Sie's! Probieren Sie munter drauflos, und lassen Sie sich von den oberwichtigen »Weinkennern« nicht ins Bockshorn jagen.

Ein paar einfache Tipps und Regeln gibt es allerdings, die Ihnen helfen können, sich im Bezeichnungsdschungel zurechtzufinden und daheim, in der Kneipe und im Restaurant zukünftig die Weine zu finden, die Ihnen wirklich schmecken. Und dann verrate ich Ihnen noch ein paar nette Tricks und Kniffe, wie Ihnen die Weine, die Sie mögen, noch besser schmecken können.

Genau solche Anregungen finden Sie hier im Crashkurs Wein: Appetitlich verpackt, in kleine Häppchen zerlegt und leicht verdaulich. Seien Sie gewiss: Wenn Sie dieses Buch gelesen haben, werden auch Sie die faszinierende Vielfalt der Weinwelt noch mehr genießen!

Herrschaftswissen zum Angeben
Manchmal werde ich Ihnen auch kleine Geschichten rund um den Wein erzählen, die vielleicht nicht überaus wichtig sind, aber einen tollen Eindruck hinterlassen, wenn man sie so en passant einstreut. Diese klassischen Smalltalk-Themen für die nächste Party (»Wusstet ihr eigentlich schon, dass ...«) finden Sie in den kleinen Kästchen mit dem Titel »Herrschaftswissen zum Angeben«.

KAPITEL 1

DIE WINZER UND IHRE WEINE

WARUM SCHEINBAR GLEICHE WEINE OFT GAR NICHT VERGLEICHBAR SIND

Genau wie der ehrgeizige und gute Koch, wird ein Winzer, von dem Sie einen guten Wein gekostet haben, mit hoher Wahrscheinlichkeit auch seine anderen Gewächse mit der gleichen Sorgfalt produzieren.

So was ist ihnen möglicherweise auch schon mal passiert: Es ist schier zum Verzweifeln – da haben Sie unlängst bei Freunden endlich mal einen Wein getrunken, der Ihnen super geschmeckt hat. Schlau wie Sie sind, haben Sie sich den Namen sorgfältig vom Etikett abgeschrieben: z. B. »2011 Riesling trocken – Oberbickelheimer Kirchberg«. Dann haben Sie im Internet nach genau diesem Wein gefahndet, auch einen Anbieter gefunden und sich Ihren vermeintlichen Lieblingstropfen spornstreichs nach Hause bestellt. Und jetzt – oh je, große Enttäuschung! Im Glas bloß eine saure, muffige Brühe, die mit dem, was Sie bei Ihren Freunden getrunken haben, so gar nichts zu tun hat. Nach längerem Recherchieren (und einem Anruf bei den Freunden, die extra noch mal für Sie im Altglas das Etikett rausgesucht haben) des Rätsels Lösung: Der Wein, den Sie mochten, stammte vom Weingut Müller; der, den Sie

gekauft haben, vom Weingut Schmidt. »Aber wie kann denn das angehen?« werden Sie nun fragen. «Gleicher Wein, gleiche Traubensorten, gleicher Jahrgang, sogar der gleiche Weinberg – die müssen doch zumindest ähnlich gut schmecken.«

QUALITÄT UND MACHART ENTSCHEIDEN

So einfach ist das leider nicht. Denn, und das ist ganz wichtig: Die Qualität eines Weines wird ganz wesentlich vom Winzer bestimmt!

Stellen Sie sich vor, Sie haben in einem Restaurant ein leckeres Wiener Schnitzel gegessen, mit schöner krosser Panade, knusprigen Bratkartoffeln und knackigem Gurkensalat. Wiener Schnitzel ist ab sofort Ihr Leibgericht – bis Sie in einem anderen Lokal ein fades, trockenes Schnitzel mit matschigen Kartoffeln und welkem Salat serviert bekommen. Der Fall ist klar: Der eine Koch kann was und kauft beste Zutaten ein, der andere ist ein lustloser Stümper, der vielleicht auch noch minderwertige Lebensmittel verwendet. Logisch, dass das völlig unterschiedlich schmeckt – auch wenn beides »Wiener Schnitzel« heißt.

Versetzen Sie sich nun einmal in die Lage des Winzers, der ja die Trauben erzeugt und dabei maßgeblich Einfluss auf deren Qualität nimmt. Und: Er bereitet aus den Trauben den Wein zu. Der Winzer gleicht also einem Koch, der seine Zutaten selber anbaut und von der Qualität des Rohproduktes bis hin zur Zubereitung alles selbst in der Hand hat. Dabei haben die Winzer natürlich völlig unterschiedlich eingerichtete Weinkeller, genau wie jede Köchin und jeder Koch, ob daheim oder im Restaurant, in einer anders ausgestatteten Küche werkelt. Der eine mit Dampfgarer, Induktionsherd und erstklassigem Kochgeschirr, der andere mit einem alten Dreiplattenherd und verbeulten Blechtöpfen. Und so extrem sind die Unterschiede auch in den Kellern der Winzer.

Ein Winzer erntet die Trauben schonend in 25 Kilo-Kistchen, steckt alles Geld in Edelstahltanks, bei denen er die Temperatur kontrollieren kann, vermeidet den Wein strapazierende Pumpvorgänge durch ein horizontal ausgerichtete System der Weinverarbeitung (alles von oben nach unten) und keltert die Weine mit einer schonenden pneumatische Presse, sodass keine Bitterstoffe aus den Kernen in den Most gelangen.

Ein anderer haut die Trauben schon mal in einen alten Erntewagen, wo sie sich die ersten Verletzungen einfangen, nutzt seit Jahrzehnten die gleichen Betontanks, in denen die Gärung warm durchrauscht, bis die schönsten Aromen verflogen sind, pumpt im Keller munter hin und her und quetscht die Trauben mit größtem Druck durch eine alte Spindelpresse.

Kommen wir zurück auf unser eingangs erwähntes Beispiel: Winzer Müller und Winzer Schmidt haben ihre Weinberge nebeneinander liegen und ähnliche geographische und klimatische Voraussetzungen. Aber: Müller ist ein qualitätsorientierter, blendend ausgebildeter Weinmacher. Er erntet wenige, aber konzentrierte Trauben pro Hektar, macht viele Lesedurchgänge, dünnt die Trauben aus, um Erträge zu reduzieren, schneidet alle faulen Beeren sorgfältig von Hand heraus und baut den Wein in seinem blitzblanken, bestens ausgestatteten Keller sorgfältig aus. Das Ergebnis ist der tolle Wein, der Ihnen so gut gefallen hat. Schmidt ist das alles egal, weil er den meisten Wein sowieso anonym im Fass verkauft. Er holt aus seinen Weinbergen so viel Menge raus wie möglich mit so wenig Arbeit wie nötig. Wenn mal eine faule Traube mitgepresst wird – was soll's, und seine muffigen alten Fässer hat er auch schon lange nicht mehr geputzt. Seine paar Kunden kaufen den Wein seit 40 Jahren so und kennen es nicht anders. Und d e n Wein haben Sie nun erwischt …

Wenn Sie mal einen Wein getrunken haben, der Ihnen besonders gut geschmeckt hat: Merken Sie sich in allererster Linie den Namen des Erzeugers, und erst in zweiter Linie die Angaben zur Traubensorte, der Qualitätsstufe oder dem Jahrgang.

KAPITEL 2

MIT DER LAGE FÄNGT ALLES AN

WIE WEIN ENTSTEHT – DER WEG VOM REBSTOCK IN DIE FLASCHE

DIE WEINLAGE UND WAS IHRE QUALITÄT AUSMACHT

Eine Weinlage im weitesten Sinn ist ein Stück Land, auf dem Rebstöcke wachsen. Das Land ist dafür mehr oder weniger geeignet, und so ist auch das Qualitätspotenzial für die Weine, die hier entstehen können, unterschiedlich groß. Die Qualität einer Lage definiert sich aus dem Zusammenspiel von Bodenbeschaffenheit und klimatischen Verhältnissen und natürlich der Rebsorte mit ihren spezifischen Eigenschaften, die hier angebaut wird. Nur wenn diese Faktoren miteinander harmonieren, können gute Weine entstehen.

GUTER WEIN MUSS LEIDEN

Gute Weine wachsen nicht etwa dort, wo man meinen sollte. Also da, wo die meiste Sonne scheint, der Boden besonders fruchtbar ist und es die richtige Dosis an Regenwasser gibt. Im

Gegenteil: Unter solchen Voraussetzungen entstünden banale, langweilige Weine.

Die besten Weine der Welt kommen fast alle aus sogenannten klimatischen Grenzzonen – also daher, wo Weinbau gerade noch eben so möglich ist. Und sie wachsen häufig auf armen, alles andere als fruchtbaren Böden. Stellen Sie sich einen Rebstock vor, der in einem sonnigen Gebiet auf einem fetten, warmen, fruchtbaren Boden wächst. Dieser Wein wird schnell reifen, dabei aber rasch seine gesamte Säure abbauen, dadurch platt und langweilig werden und – wenn niemand korrigierend eingreift – große Mengen an Trauben produzieren. Schnelles Wachsen ist also absolut gar kein Kriterium für guten Wein.

Die besten Weine wachsen häufig dort, wo eine andere landwirtschaftliche Nutzung kaum noch möglich ist: also auf kargen, steinigen Böden; Böden, auf denen sich die Rebe ordentlich quälen

Große Weinfelder wie dieses ermöglichen eine rationelle Bearbeitung und maschinelle Lese.

Je »schwerer« es der Weinstock hat, desto besser am Ende das Resultat. Der Weinstock nimmt Mineralien aus dem Boden auf und gibt sie letztlich an seine Fürchte, die Trauben, ab.

muss. An den Schiefer-Steilhängen der Mosel beispielsweise graben sich die Rebwurzeln in ihrem Überlebenskampf Schicht um Schicht, manchmal bis zu fünfzehn Meter regelrecht durch den Fels. In der Champagne ist die Erdschicht teilweise nur 20 Zentimeter dick – darunter liegt reine Kreide, in welche die Reben bis zu 45 Meter tief hineinwurzeln. Aus jeder Schicht, durch die eine Rebwurzel durch muss, holt sie sich Mineralien und Nährstoffe ab, die sich naturgemäß transformiert in den Trauben wiederfinden. Und letztendlich damit den Geschmack des Weines maßgeblich mitbestimmen.

Hier sind wir ganz en passant auch zwei Begriffen auf der Spur, die in der etwas kryptischen Weinsprache häufig Verwendung finden: Da wird gesagt, Weine schmecken »mineralisch« oder »vielschichtig«. Klar: Ein Rebstock, dessen Wurzeln tief in einen steinigen Boden wie Schiefer oder Granit hineinragt, nimmt natürlich auch viele Mineralien aus dem Untergrund mit auf – und das ist manchmal schon zu schmecken, der Wein wird mineralisch. »Vielschichtig« wird ein Wein dann, wenn mit zunehmendem Alter der Rebstock in immer mehr Bodenschichten vordringt, aus denen er sich die verschiedensten Aromen herauszieht und an seine Trauben weitergibt. Wenn es dem Winzer gelingt, die Botschaft solcher Trauben in die Weinflasche zu bannen, also den Wein so ausbaut, dass möglichst viele von diesen besonderen Geschmacksnuancen sich

hinterher in ihm wiederfinden – dann hat man es im Idealfall tatsächlich mit einem schmeckbar vielschichtigen, nuancenreichen Wein zu tun. Unter anderem ein Grund, warum in letzter Zeit auch wieder vermehrt Weine aus alten Rebstöcken – als »Alte Reben« oder auf Französisch »Vielles Vignes« bezeichnet – ihren Platz im gehobenen Weinsegment zurückeroberten. Ist ja auch irgendwo logisch: Ältere Rebstöcke haben Wurzeln, die tiefer in den Boden hineinwachsen, also ist die Wahrscheinlichkeit, dass hier ein vielschichtiger Wein herauskommt, weitaus höher. Und dass die Winzer ein bisschen damit angeben wollen, dass sie so alte Rebstöcke haben (die meist auch viel weniger Menge bringen als die jungen Hüpfer) kann man auch verstehen.

EXTRAKT – DAS MENGE-GÜTE-GESETZ ODER: DIE REBSCHERE STEUERT DIE WEINQUALITÄT

Kommen wir zu einem weiteren Begriff aus der Weinsprache. Da wird von der Weinkennerszene ein guter Wein häufig mit dem Begriff »extraktreich« gelobt. Fleischextrakt kennen Sie, Kaffeeextrakt auch, aber Weinextrakt? Die Antwort ist ganz einfach: Bestimmt ist Ihnen schon mal aufgefallen, dass ein preisgünstiger Wein manchmal irgendwie wässerig schmeckt – also wenig Aromen bietet, dass der Wein vielleicht nicht den ganzen Mundraum ausfüllt und beim Runterschlucken auch wenig bis gar nichts an Geschmack hinterlässt. Trinkt man dann einen

HERRSCHAFTSWISSEN ZUM ANGEBEN

Familienzwist um die »Grüne Lese«

Ein Generationskonflikt, bei dem sich gerade in Deutschland und Österreich schon Unmengen von Winzerfamilien richtig in die Haare bekommen haben, ist die »Grüne Lese«, also diese Aktion, bei der von den kleinen grünen Trauben einiges abgeschnitten wird und zu Boden fällt. Bis in die frühen 1980er-Jahre war nämlich der Fassweinpreis für Wein so gut, dass auch Winzer, die auf Menge produzierten, prima davon leben konnten und relativ gute Preise für ihre Trauben oder ihren Fasswein erzielten. In den Köpfen vieler Winzer der Nachkriegsgeneration ist bis heute jeder Liter Wein wertvoll, erstmal ungeachtet der Qualität. Nun rückte oder rückt in vielen dieser Weingüter die junge Generation an: Die Töchter und Söhne der Winzer sind häufig blendend ausgebildet, haben in guten Betrieben gelernt, meist in den Weinhochburgen Geisenheim oder Heilbronn Weinbau und Kellertechnik studiert und sich oft noch in Kalifornien, Neuseeland, Südamerika oder Südafrika den Wind der Weinwelt um die Nase wehen lassen. Viele von ihnen, zum Beispiel in Rheinhessen und in der Pfalz, haben das brillante Potenzial ihrer bisher zum Teil völlig unbekannten Lagen erkannt und formen mit Feuereifer aus Weingütern, die vorher überwiegend Fassweine und billige Literflaschen verkauft haben, funkelnagelneue Spitzenweingüter. Das geht natürlich nur mit guten Qualitäten. Und dafür kann die »Grüne Lese« wichtig sein. Für viele der Senioren ist das unerträglich: Sie sehen nur, dass da »wertvoller« Wein einfach abgeschnitten und weggeworfen wird. Grund, den Junioren bittere Vorhaltungen zu machen, dass sie vorsätzlich Geld vernichten und das Weingut in den Ruin treiben würden. Ich kenne ein aufstrebendes Weingut, wo der Junior immer nur dann die »Grüne Lese« durchführen konnte, wenn sein Papa in Urlaub gefahren war. Unterstützung erhielt er jedoch vom Opa, der noch den Vorkriegs-Qualitätsgedanken verinnerlicht hatte und dem Enkel auch die ersten Barriques (kleine 225-Liter-Eichenfässchen) finanzierte. Mittlerweile ist das Weingut recht bekannt und erzielt viele Medaillen und gute Preise – seitdem ist Ruhe. Aber das ist beileibe kein Einzelfall, und viele junge Winzerinnen und Winzer (oder auch deren Eltern) rollen gequält mit den Augen, wenn dieses Thema zur Sprache kommt.

teureren Wein, so schmeckt man oft (aber nicht immer) mehr von alledem: mehr Duft, mehr Aroma, oft auch einen länger anhaltenden Geschmack, sowohl im Mundraum als auch nach dem Schlucken. Kurz: Er macht einfach insgesamt viel mehr her im Mund.

Der Hauptgrund für diese Unterschiede ist, dass der Winzer in einem sehr wichtigen Bereich viel Einfluss darauf hat, wie sich die Qualität des Weines entwickeln kann: Und zwar bei der Weinmenge, die er aus einem Hektar Boden an Wein herausholt. Der Rebstock an sich ist äußerst undiszipliniert: Er produziert, wenn man ihn lässt, unglaublich viele, wuchernde Triebe, die wiederum möglichst viele Trauben ansetzen. Oft sind es so viele, dass der Rebstock diese dann am Ende entweder gar nicht oder nur mühsam ernähren kann – jedenfalls nicht so, dass ein vernünftiger Wein dabei herauskommen kann. Das ist die Stunde des Winzers: Jetzt greift er mit der Rebschere ein und schneidet bereits schon in der Ruhephase den Rebstock so zurück, dass nur noch ein einziger Trieb übrig bleibt (manche Winzer lassen auch zwei Triebe stehen; das hängt von der Rebsorte und natürlich auch vom Terroir ab). Scheint dem Winzer im Sommer die Traubenzahl zu hoch, greift er nochmals zur Schere und entfernt einen Teil der noch ganz winzigen, grünen Trauben – Letzteres nennt man »Grüne Lese« oder »Grünlese«. Damit hat er es in der Hand, ob er mehr Masse oder mehr Qualität erhalten

will. Ein Weinberg gibt eben nur eine bestimmte Menge an Nähr- und Geschmacksstoffen her; daher spielt es eine große Rolle, ob sich das auf viel oder wenige Weintrauben verteilt. Das nennt man das Menge-Güte-Gesetz. Die Erntemenge bei Wein wird in Hektoliter (1 Hektoliter sind 100 Liter) pro Hektar gemessen, die Bandbreite dabei ist sehr groß: Für einfachen Tafelwein oder Tafeltrauben ist es locker drin, bis zu 300 Hektoliter pro Hektar aus dem Boden herauszuholen. Sehr qualitätsorientierte Winzer arbeiten, je nach Region und Rebe, bei ihren Spitzenweinen gerne mal mit Hektarerträgen zwischen 15 und 40 Hektoliter. Das bedeutet, dass bei Massenweinen der Ertrag pro Hektar durchaus zehnmal so hoch sein kann wie bei Rebanlagen, die für die Produktion von Spitzenweinen ausgelegt sind – bei mindestens gleichen Kosten pro Hektar für den Winzer, der so wenig produziert. Dass die Flasche Rot- oder Weißwein, die Sie beim Discounter Ihres Vertrauens für ca. 1,50 Euro bekommen, wohl nicht in die Kategorie der schmeckbar konzentrierten Spitzenweine fallen dürfte, liegt auf der Hand.

DAS TERROIR – SCHLÜSSEL ZUR HERKUNFT DES WEINES

Und dann ist viel vom sogenannten »Terroir« die Rede. Damit ist in erster Linie, aber bei Weitem nicht nur, der Boden gemeint, auf dem und in dem der Wein wächst. Die unterschiedlichen Bodentypen geben den Weinen eine spezifische

Mut zur Reduktion, das ist bei der »Grünen Lese« entscheidend.

geschmackliche Prägung mit auf den Weg. Der Begriff »Terroir« bedeutet jedoch weitaus mehr: Er umfasst die wesentlichen Voraussetzungen, welche die Biologie des Rebstocks und damit unmittelbar den Charakter der daran wachsenden Trauben beeinflussen. Dabei sind die wichtigsten Faktoren die chemische und physikalische Zusammensetzung des Weinbergbodens bis in die tieferen Schichten hinein, in welche die Wurzeln vordringen, das Klima mit Tages- und Nachttemperaturen und Niederschlagshäufigkeit, die Intensität der Sonneneinstrahlung und die Wasserversorgung der Reben. Weitreichendere Definitionen davon beziehen, was nur logisch erscheint, auch noch die Persönlichkeit des Winzers in den Terroirgedanken mit ein: Er prägt schließlich entscheidend mit, wie mit den naturgegebenen Voraussetzungen umgegangen wird.

Insgesamt gilt aber: Die genügsame und zähe Weinrebe kann sich mit allen möglichen, völlig unterschiedlichen Bodenarten anfreunden. Ob Schiefer, Muschelkalk, Buntsandstein, Kalkmergel, Lehm, Löss, Vulkanboden, Kiesel, Kreide oder Granit: Jeder Bodentyp kann charaktervolle, spannende und individuelle Weine erbringen.

DAS WISSEN UM TERROIRS – UND DIE KLASSIFIZIERUNG VON WEINEN

In traditionellen Weinbaugebieten ist das Wissen darum, wo welche Reben am besten gedeihen, seit Jahrhunderten verbreitet. So wurde im Burgund schon Mitte des 15. Jahrhunderts festgelegt, dass als einzige rote Rebe nur Pinot Noir angepflanzt werden durfte. 1787 verfügte der Trierer Kurfürst Clemens Wenzeslaus von Sachsen, dass in seinem Herrschaftsbereich nur noch Riesling als Rebsorte zugelassen werden durfte. Dadurch entwickelte sich die Mosel zum größten zusammenhängenden Rieslinganbaugebiet der Welt. Das profunde historische Wissen um besondere Lagen führte dann im Burgund zu einer weltweit beachteten Klassifikation: Unterste Kategorie der Qualitätsweine (Appellation controlée, AC) sind die Gebietsweine, die als »Bourgogne blanc AC« oder »Bourgogne rouge AC« angeboten werden. Dabei ist die Rebsorte Chardonnay für die Weißweine und die Rebsorte Pinot noir für die Rotweine zwingend vorgeschrieben. Darauf folgen die Weine mit dem Namen des Dorfes, aus dem sie stammen, also zu Beispiel »Pommard rouge AC«. Die besseren Lagen im Dorf bekommen dann die Bezeichnung »Premier Cru«, die allerbesten Lagen, deren Weine auch am teuersten sind, dürfen sich »Grand Cru« nennen. Der Nachteil: Durch die einst im Burgund praktizierte Realteilung, also der Aufteilung von Landbesitz unter allen erbberechtigten Kindern, sind diese begehrten und teuren Premier Cru- und Grand Cru-Lagen sehr zersplittert und gehören meist vielen verschiedenen Winzern – sehr guten, guten, mittelmäßigen und mäßigen. Es kommt also auch bei diesen kostspieligen Weinen bester Lagen in

erster Linie auf den Winzer an. Einen anderen Weg beschritt man im Bordeaux. Da sind die jeweiligen Weingüter (»Châteaux«) klassifiziert, was das Ganze etwas übersichtlicher macht. In Deutschland, wo im nationalen Weingesetz der Terroirgedanke keinen Niederschlag findet, gibt es seit Jahren Bestrebungen einer Vereinigung von Spitzenwinzern, eine Klassifizierung nach burgundischem Vorbild auf den Weg zu bringen.

DIE BEDEUTUNG DER JAHRGÄNGE

Dem Jahrgang kommt erhebliche Bedeutung für die Qualität der Weine zu. Vom Witterungsverlauf hängt entscheidend ab, ob reife und gesunde Trauben gelesen werden können. Dabei sind die Jahrgangsunterschiede in kühleren, also hier in Europa nördlichen Klimazonen, stärker ausgeprägt als in wärmeren Anbauzonen, wo die Weine gleichmäßiger und leichter reifen können. Der Grund: In den nördlichen Anbauzonen, wo die Reben häufig lange um jeden Sonnenstrahl ringen müssen, ist es nicht immer sicher, dass die Trauben zur vollen Reife gelangen. Ein wichtiges Thema ist auch der Niederschlagsverlauf: Wenn es zur Unzeit, also gegen Ende der Reifeperiode, wenn die Trauben schon sehr weit entwickelt sind, in den Weinbergen warm und feucht ist, wird es gefährlich – Fäulnis droht! Ein verregneter Sommer spiegelt sich ebenfalls in der Qualität des jeweiligen Weines wider. Die Jahrgangsqualität ist häufig auch innerhalb der Weinbauländer

in den einzelnen Anbaugebieten unterschiedlich. In schwierigen Jahrgängen, die viel Aufmerksamkeit und Arbeit in den Weinbergen verlangen, hängt besonders viel vom Winzer ab: Ein guter Erzeuger wird auch in einem weniger guten Jahr alles dafür tun, um gute Weine hervorzubringen – und es zumeist auch schaffen.

AUS TRAUBEN WIRD WEIN – DIE ALKOHOLISCHE GÄRUNG

So, nun sind die – mehr oder minder guten – Trauben geerntet und werden anschließend ausgepresst. Man hat jetzt den Traubensaft (offiziell heißt er »Traubenmost«) und es soll Wein daraus werden. Dazu braucht man Hefen, welche die alkoholische Gärung auslösen. Dabei verwandelt sich Zucker in Alkohol, gleichzeitig wird Kohlensäure freigesetzt. Trinken kann man dieses Übergangsprodukt auch schon – das ist nämlich der sogenannte Federweiße (oder Federrote, wenn er aus rotem Taubensaft entstand). Je weiter die Gärung fortgeschritten ist, desto weniger Süße und desto mehr Alkohol hat der Federweiße. Irgendwann sterben die Hefen, meist mangels Nahrung, ab. Der Wein ist dann in der Regel »trocken«, hat also kaum noch Zucker. Der Rest Zucker, der nach dem Vergären im Wein verbleibt, heißt offiziell genau so: Restzucker. Als »trocken« dürfen in Deutschland Weine bis maximal 9 Gramm Restzucker pro Liter bezeichnet werden, als »halbtrocken« Weine bis maximal 17 g/l Rest-

HERRSCHAFTSWISSEN ZUM ANGEBEN

»Reinzucht« oder »Sponti« – die Sache mit den Hefen

Dass die alkoholische Gärung beim Traubenmost durch Hefen ausgelöst wird, wissen Sie ja. Früher gab es keine Alternativen, der Winzer musste sich auf die Hefen verlassen, die an den Weintrauben kleben oder die sich in den Ritzen und Winkeln im Weinkeller verstecken. Diese »Naturhefen« sind jedoch kapriziös: Manchmal machen sie auf halber Strecke schlapp und der Wein bleibt halbtrocken oder sogar lieblich, obwohl der Winzer eigentlich einen trockenen Wein haben wollte. Oder es können unerwünschte Aromen gebildet werden. Um solche unliebsamen Überraschungen auszuschalten, haben sich in den letzten Jahrzehnten sogenannte »Reinzuchthefen« durchgesetzt. Das sind Hefen, die so gezüchtet sind, dass sie dem Winzer zu dem Geschmacksbild verhelfen, das er sich wünscht. Und: Es sind Hochleistungshefen, die dafür Sorge tragen, dass der Wein auch zu Ende gärt, also in der Regel trocken wird. Sie tragen den schönen lateinischen Namen Saccharomyces cerevisiae. Darin steckt das Wort Saccharose für Zucker und, die Asterix-erprobten Leser erinnern sich, cervesia für Bier. Denn auch Bier wird ja durch die alkoholische Gärung hergestellt. Aber: Keine Bewegung ohne Gegenbewegung. So haben sich in den letzten Jahren wieder einige Winzer zur »Spontanvergärung« bekannt – das ist die traditionelle Vergärung mit den Hefen, welche die Natur liefert. Die Weine, die so entstehen, werden im Fachjargon »Spontis« genannt. Wenn Sie also einen Winzer kennen (lernen) und ihn fragen, wie er es mit den »Spontis« hält, werden Sie mit Ihrem Insiderwissen mächtig punkten. Was nun besser ist? Eine Glaubensfrage: Viele Winzer schwören auf eine der beiden Richtungen und erzielen dabei jeweils eindrucksvolle Resultate, einige machen, je nach Wein, beides parallel. Wenn Ihnen ein Winzer einreden will, eine der beiden Alternativen sei die allein selig machende: Machen Sie es wie bei allen Extremisten – glauben Sie ihm einfach nicht.

zucker. Darüber hinaus sind Weine »lieblich«, ab 45 g/l Restzucker »süß«. Die immer häufiger auf Etiketten zu findende Geschmacksangabe »feinherb« wird meistens für Weine im halbtrockenen oder unteren lieblichen Bereich verwendet, ist aber gesetzlich nicht definiert und insofern erst mal wenig aussagekräftig. Ganz wichtig: Die Winzer oder Kellereien können diese Geschmacksangaben aufs Etikett schreiben, müssen es aber nicht. Im Kapitel »Was das Etikett erzählt« (siehe S. 72ff.) werden wir uns also noch mal eingehend damit befassen, wie Sie, zumindest mit hoher Wahrscheinlichkeit, einen trockenen, halbtrockenen oder lieblichen Wein identifizieren können.

TROCKEN, HALBTROCKEN, LIEBLICH: SO KOMMT DIE SÜSSE IN DEN WEIN

Die alkoholische Gärung führt dazu, dass nahezu der gesamte Zucker aus dem Traubenmost sich in Alkohol verwandelt und somit die meisten Weine also von Natur aus eigentlich »trocken« sind. Nun gibt es aber im Handel ausgesprochen viele Weine zu kaufen, die halbtrocken oder lieblich sind – teilweise sogar für sehr wenig Geld.

Grundsätzlich gibt es zwei Arten von süßeren Weinen. Da sind einmal die klassischen »edelsüßen« Weine, bei denen die Beeren, aus denen sie gewonnen wurden, einfach so viel Zucker enthielten, dass irgendwann die Gärung von alleine aufhört. Das ist meist bei den wertvollen Beerenauslesen oder gar Trockenbeerenauslesen

der Fall. Um so hohe Zuckerkonzentrationen im Most zu erreichen, müssen die Trauben von der Edelfäule (siehe Seite 26) befallen sein. So erzeugte Weine sind aber sehr teuer und bilden nur einen winzigen Bruchteil der Produktion aller lieblichen oder süßen Weine.

Im Normalfall, also bei über 95 Prozent der weltweit produzierten lieblichen oder süßen Weine, läuft das anders ab: Hier wird meist durch den Kellermeister der erwünschte Süßegrad gesteuert. Dafür gibt es mehrere Möglichkeiten. So kann zu dem Zeitpunkt, an dem noch die erwünschte Zuckermenge im Wein ist, die Gärung durch Kälte abgestoppt werden. Gärhefen brauchen eine bestimmte Temperatur, um ihre Arbeit zu verrichten; und wenn es ihnen zu kalt wird, machen sie einfach Feierabend. Wenn die Hefen dann anschließend herausfiltriert werden, kann nichts mehr passieren – die Süße bleibt drin und der Wein ist stabil, kann also nicht mehr nachgären und sich damit verändern. Voraussetzung dafür aber ist ein sehr sauberes und penibles Arbeiten im Keller. Bei guten Winzern und für gehobene Weine, die einen Hauch Süße behalten sollen, ist das die aufwendigste, aber beliebteste Methode. Denn die Süße, die so im Wein verbleibt, ist ja die weineigene, und es kommen keine anderen geschmacklichen Elemente hinzu, die den Charakter verwischen könnten. Bei spontan vergorenen Weinen haben die Hefen häufig weniger Kraft als bei den mit Reinzucht-

HERRSCHAFTSWISSEN ZUM ANGEBEN

Was sind eigentlich die »Öchslegrade«?

Mit dem Zucker hängen übrigens auch die häufig zitierten »Öchslegrade« zusammen, die für die Einstufung der deutschen Weine in verschiedene Qualitätsstufen ausschlaggebend sind (siehe Kapitel 4 – Was das Etikett erzählt). Je höher die »Öchslegrade« des frisch gepressten Traubenmostes, desto höher ist in Deutschland die Qualitätsstufe, in die der Wein eingeteilt werden darf. Diese Öchslegrade sind eine Maßeinheit für die Dichte des Traubenmostes. Je mehr Zucker der Most enthält, desto mehr nimmt die Dichte zu. Dabei entspricht 1 Grad Oe, Öchsle, etwa 2,6 Gramm Zucker in 1 Liter Wasser. Das bedeutet: Ein Traubenmost mit 90 °Oe enthält etwa 230 g natürlichen Fruchtzucker pro Liter. Je höher also die Öchslegrade, desto höher später der potenzielle Alkoholgehalt des Weines. Und woher kommt der seltsame Name? Ganz einfach: Die Grad Öchsle werden mit einer sogenannten Mostwaage (Senkspindel) gemessen, die in den 1830er-Jahren der Pforzheimer Mechaniker Christian Ferdinand Öchsle erfunden hat.

Bilder links:
Zu Anfang des Spätsommers beginnen die Winzer mit dem Messen des Zuckergehaltes in den Trauben. Der Zucker ist der Maßstab für die Reife und er bestimmt das Mostgewicht, das in Öchslegraden (°Oe) ausgedrückt wird.
Bild unten:
Öchslegrade werden mit einer Mostwaage gemessen. Mit dieser Methode kann der Winzer den potentiellen Alkoholgehalt des fertigen Weins gut einschätzen.

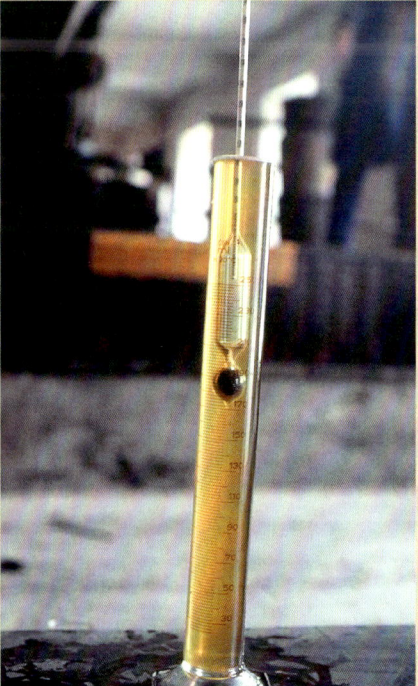

hefen vergorenen Weinen. Daher hören diese Weine häufig schon zu gären auf, wenn der Wein im halbtrockenen oder leicht lieblichen Bereich »festhängt«. Hier macht sich dann sozusagen der nichttrockene Wein von alleine.

DIE SÜSSRESERVE

Eine andere Möglichkeit, die insbesondere bei günstigen Konsumweinen häufig angewandt wird, ist der Zusatz von Traubensaft zum fertigen, durchgegorenen Wein. Dabei wird Traubensaft nach der Ernte intensiv »blank filtriert«, also so gründlich »gereinigt«, dass alle potenziell zur Gärung führenden Hefeteilchen draußen sind, und anschließend kühl und steril gelagert, bis er benötigt wird. Dann wird dieser Traubensaft vergorenem Wein im gewünschten Umfang zugesetzt. Er dient also als Reserve zum Süßen des Weines und heißt demzufolge offiziell im Weingesetz genau so: »Süßreserve«. Dieses Verfahren lässt sich einfach und kostengünstig für große Weinmengen anwenden und ist bei sauberem Arbeiten, ebenso wie das Abstoppen der Gärung durch Kälte, für den Genuss und die Bekömmlichkeit völlig unbedenklich. Dabei geht zwar durch die gleichsam den Wein überschminkende Süße Individualität verloren, aber ausgeprägten Terroircharakter wird bei der Supermarkt-Spätlese für 1,99 Euro oder bei der Liter-Tetrapackung »Ratskellerglück – Verschnitt aus verschiedenen Weinen der Europäischen Union« auch niemand ernsthaft erwarten.

EDELFÄULE UND WINTERFROST – DIE KÖNIGSWEGE ZUM SÜSSEN WEIN

Früher, als es die ganzen modernen kellertechnischen Verfahren noch nicht gab, waren natursüße Weine weltweit rar, teuer und begehrt. Deutsche Süßweine aus den besten Rieslinglagen von Mosel und Rheingau wurden um 1900 herum höher bezahlt als die teuersten Rotweine aus dem Bordeaux – so mancher in Spitzenlagen begüterte Moselwinzer konnte sich aus den Einnahmen eines einzigen sehr guten Jahrganges den Bau einer prachtvollen Villa leisten. Der Grund: Weine mit sehr hoher natürlicher Restsüße lassen sich nur aus Trauben gewinnen, die von der Edelfäule befallen sind. Besonders gut für die Erzeugung edelsüßer Weine eignen sich die Rebsorten Riesling, Scheurebe und Chenin blanc. Von Edelfäule spricht man dann, wenn die reifen Beeren der Weintraube vom Schimmelpilz Botrytis cinerea befallen werden. Das klappt nur dann, wenn die Trauben mindestens 80 °Oe (Öchsle) aufweisen. In der Regel ist das erst im Herbst, kurz vor Beginn der normalen Ernteperiode, der Fall. Zum Wachsen benötigt die Edelfäule Feuchtigkeit, die sie meist durch herbstliche morgendliche Frühnebel erhält, dann sollte aber ein warmer Tag im Anschluss folgen. Das dafür notwendige spezielle Klima gibt es allerdings nur in wenigen Weinbaugegenden. In Deutschland sind dies zum Beispiel Teile von Mosel und Rheingau, in Österreich ist es der Neusiedlersee. Der Schimmelpilz zerstört

Als eine Besonderheit unter den Süßweinen gelten die Eisweine. Die Beeren werden in gefrorenem Zustand geerntet und dann auch gleich in besonders leistungsstarken Pressen verarbeitet. Das Resultat: hoch konzentrierte natursüße Weine, mit einem besonders kräftigem Süße-Säure-Verhältnis.

große Teile der Beerenhaut, sodass bei Wärme und Trockenheit Feuchtigkeit aus den Beeren austritt und verdunstet. Das Ganze ist also ein natürlicher Konzentrationsprozess. Gleichzeitig verändert der Pilz die Zusammensetzung des Saftes der Beere und beeinflusst dadurch entscheidend die Aromatik. Er verbraucht beispielsweise viel mehr Säure als Zucker, sodass die Zuckerkonzentration in der Beere extrem ansteigt. So entsteht der sogenannte, an Honig erinnernde »Botrytiston«. Aus den am Ende rosinenartig eingeschrumpften Beeren wird dann natürlich nur noch sehr wenig Saft gewonnen. Deshalb sind so entstandene Beerenauslesen und Trockenbeerenauslesen auch heute noch in der Regel sehr teuer, halten dafür aber aufgrund des Zuckergehaltes ewig. Ein Sonderfall ist der Eiswein. Auch

hier wird der Saft in den Trauben konzentriert, aber durch Kälte. In Deutschland und Österreich muss das Mostgewicht der Trauben für Eiswein mindestens dem von Beerenauslese entsprechen. Geerntet wird Eiswein bei mindestens -7 °C. Dann gefriert das meiste Wasser in der Traube, und der sofort noch im gefrorenen Zustand der Trauben abgepresste Most ist ein Konzentrat aller Inhaltsstoffe. Im Gegensatz zu Beeren- und Trockenbeerenauslesen, bei denen der Botrytis-Pilz einen Großteil der Säure abgebaut hat, ist im Eiswein die Säure genauso konzentriert wie die Süße. Eisweine ergeben also ein Geschmackserlebnis mit intensivem Süße-Säure-Spiel. Während früher eigentlich nur Deutschland und Österreich für ihre Eisweine berühmt waren, ist heute der weltgrößte Eisweinproduzent Kanada.

AUS TRAUBEN WIRD ROTWEIN, WEISSWEIN ODER ROSÉ – UNTERSCHIEDE IN DER HERSTELLUNG

Die Weinherstellung, auch Weinbereitung, Vinifikation oder Vinifizierung genannt, verläuft für Rotweine und Weißweine in unterschiedlichen Verfahren. Die Reihenfolge der Arbeitsschritte macht hierbei den Unterschied aus. Rosé ist in der Regel nicht etwa, wie man meinen könnte, ein Gemisch aus Weiß- und Rotwein, sondern ein Wein aus roten Trauben, das dem Weißweinverfahren ähnelt. Allerdings darf hier die Maische noch ein bisschen ruhen und angären, damit sich der Farbstoff aus den Schalen der Trauben herauslösen kann. Dieses Verfahren ergibt meist einen fruchtigen Rosé. Nicht zu verwechseln ist der Rosé mit dem sogenannten Rotling, einem Wein aus einem Gemisch aus Rot- und Weißweintrauben.

WIE WEISSWEIN ENTSTEHT

Beim Weißwein kommen die geernteten Beeren meist direkt zum Pressen in die Kelter. Heutzutage werden meistens pneumatische Keltern verwendet, die den Wein besonders schonend pressen, ohne Bitterstoffe aus den Traubenkernen freizusetzen. Unter anderem ein Grund, warum manche Winzer die Reben von Stielen und Blättern nicht mehr befreien (entrappen).

Früher war das anders: Da kamen die Trauben häufig noch in eine Traubenmühle, die, um mehr Saft herauszuholen, die Trauben quetschte. Allerdings wurden dabei auch die Traubenkerne verletzt, sodass deren Bitterstoffe in den Most gelangen konnten.

Heute ist das erklärte Ziel vieler Winzer ja, weniger Menge, dafür eine bessere Qualität zu erzeugen. Und diese liegt in einem sauberen

Wein, also einem Wein, der auch wirklich nur aus dem Saft der Trauben besteht – und keinerlei sonstige ausgequetschte Kerne, Stiele und Blätter beinhaltet.

Beim modernen Verfahren der pneumatischen Kelter hat es der Winzer in der Hand, ob er auf Menge oder Qualität geht. Er kann die Maschine entsprechend einstellen: Bei extrem geringem Pressdruck ist die sogenannte Mostausbeute, also der Prozentsatz des Saftes, der aus einem Kilo Trauben herausgeholt wird, geringer, aber der Saft wird besonders »reintönig«. Das heißt, der Sortenausdruck der jeweiligen Rebsorte kommt intensiver zum Ausdruck. Bei höherem Pressdruck ist die Mostausbeute höher, aber es besteht die Gefahr, dass anteilig Bitterstoffe aus Schalen oder Kernen in den Most gelangen. In der Regel gewinnt der Winzer aus einem Kilo Trauben

zwischen 650 und 750 ml Saft. Natürlich haben Pressdruck und Mostausbeute auch bei der Rosé- oder Rotweinkelterung eine ähnliche Bedeutung für die Qualität.

Der ausgepresste Traubensaft kommt dann in einen Gärtank, wo er die alkoholische Gärung durchläuft. Diese Gärtanks sind häufig temperaturkontrolliert, das heißt, der Winzer reguliert von Hand die Gärtemperatur. Das ist insofern wichtig, als die Gärtemperatur sonst sehr hoch wird – bis zu 30 °C. Und je höher die Gärtemperatur, desto schneller »rauscht die Gärung durch«, das heißt, der Most gärt zu schnell zu Ende. Und dabei bleiben häufig die frische Frucht und wertvolle Aromen auf der Strecke. Qualitätsorientierte Winzerinnen und Winzer sind also meist bestrebt, die Weißweingärung möglichst lange bei Temperaturen zwischen 15 °C bis 18 °C durchzuführen,

Klassische Maischegärtanks aus Holz, wie sie besonders für hochwertige Rotweine gerne verwendet werden.

um Frische, Frucht und Aromatik zu bewahren. Bei einigen hochwertigen Weißweinen wird die Gärung auch gleich in Barriques, also kleinen 225-Liter-Eichenfässchen, vollzogen.

So lange sich die Hefen noch im Wein befinden, praktizieren qualitätsorientierte Winzer bei einigen Weinen, die im Barriques gären, gerne eine sogenannte Bâtonnage: Dabei werden die Hefen im Fass mehrfach aufgerührt. Das hat zur Folge, dass die Hefen vor einer schnellen Zersetzung geschützt werden. Außerdem lässt dieser Prozess den Wein intensiver und dichter werden. Mittlerweile wird die Bâtonnage auch in Edelstahltanks angewandt.

Ob mit oder ohne Bâtonnage: nach Abschluss der Gärung sinken die abgestorbenen Hefen zu Boden. Sie werden dann aus dem Wein entfernt, indem man den nun fast klaren Wein darüber abfließen lässt und in ein anderes Fass oder anderen Tank umfüllt. Dieses Verfahren heißt »Abstich«. Nun reift der Weißwein, meist in einem Edelstahl- oder Betontank oder auch in einem großen Holzfass bis zur Abfüllung. Hin und wieder werden auch Weißweine in Barriques weiter ausgebaut. Insbesondere voluminösere, kraftvolle Chardonnays werden gerne ins Barrique gesteckt.

WIE ROSÉ ENTSTEHT

Rosé ist in aller Regel nicht, wie viele Menschen meinen, eine Mischung von Rot- und Weißweinen, sondern wird aus roten Trauben gewonnen.

Sicher ist Ihnen schon mal aufgefallen, dass das Fruchtfleisch von roten Weintrauben gar nicht rot ist – sondern gelb, wie bei Weißweintrauben. Die roten Farbstoffe stecken nämlich alle in der Schale. Wenn rote Trauben in die Kelter kommen, wird beim Auspressen nur ein ganz geringer Bruchteil der roten Farbstoffe an den Traubenmost abgegeben. Der Wein wird ein Rosé. Auch Roséwein wird in einer pneumatischen Kelter schonend gepresst. Werden die Trauben nur ganz besonders schonend ausgequetscht, kann es sogar sein, dass gar keine roten Farbstoffe in den Wein gelangen. Dann gibt es einen Weißwein aus roten Trauben, der französische Ausdruck dafür lautet »Blanc de Noirs« (Weißer aus Schwarzen). Diese Art der Weinbereitung ist verbreiteter als man denkt: So bestehen weiße Champagner im Durchschnitt zu mehr als 50 % aus ursprünglich roten Trauben.

DAS SAIGNÉE-VERFAHREN

Eine weitere Methode Rosé zu erzeugen, nennt sich »Saignée-Verfahren«: Hierbei wird von der Rotweinmaische vor Beginn des Gärprozesses ein Teil des dann noch rosafarbenen Mostes »abgezogen«, also dem Maischegärbehälter entnommen. Dieser rosafarbene Most wird dann separat vergoren und wird so zu einem Roséwein. Die Winzer tun dies häufig, um im verbleibenden Rotwein eine höhere Konzentration von Farb- und Aromastoffen zu erreichen.

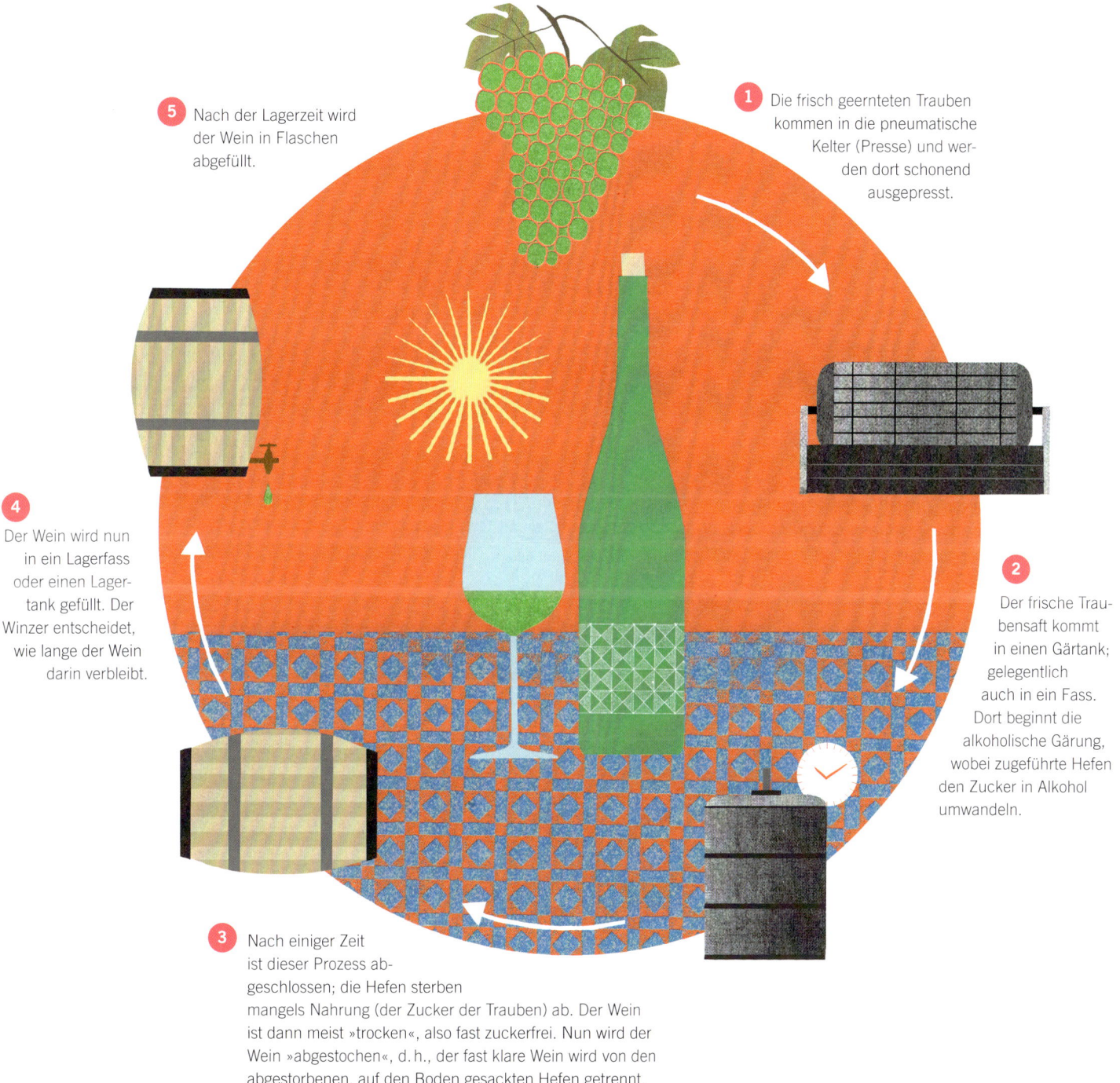

5 Nach der Lagerzeit wird der Wein in Flaschen abgefüllt.

1 Die frisch geernteten Trauben kommen in die pneumatische Kelter (Presse) und werden dort schonend ausgepresst.

4 Der Wein wird nun in ein Lagerfass oder einen Lagertank gefüllt. Der Winzer entscheidet, wie lange der Wein darin verbleibt.

2 Der frische Traubensaft kommt in einen Gärtank; gelegentlich auch in ein Fass. Dort beginnt die alkoholische Gärung, wobei zugeführte Hefen den Zucker in Alkohol umwandeln.

3 Nach einiger Zeit ist dieser Prozess abgeschlossen; die Hefen sterben mangels Nahrung (der Zucker der Trauben) ab. Der Wein ist dann meist »trocken«, also fast zuckerfrei. Nun wird der Wein »abgestochen«, d. h., der fast klare Wein wird von den abgestorbenen, auf den Boden gesackten Hefen getrennt.

In aller Regel unter Verschluss: Weinfässer mit ihren kostbaren Inhalten.

WIE ROTWEIN ENTSTEHT

Die Trauben für einen Rotwein werden zumeist gleich nach der Ernte »entrappt«, d. h. Stiele und Blätter werden entfernt, sodass sie überhaupt nicht in den Gärvorgang mit hineinkommen. Der Grund: Sie enthalten zu viele Bitterstoffe, die den Wein in seinem Eigengeschmack erheblich beeinträchtigen.

DER UNTERSCHIED

Anschließend – und das ist der große Unterschied zur Weißwein- oder Rosébereitung – kommen die ungepressten Trauben in einen Gärbehälter. Allein durch den Druck der Trauben aufeinander tritt Saft aus, es entsteht ein Saft-Schalen-Gemisch, die sogenannte Maische. Jetzt beginnt die Gärung mit den Schalen – diese heißt folgerichtig auch Maischegärung. Bei diesem Prozess werden die roten Farbstoffe aus den Traubenschalen gelöst und gehen in den Most über. Nach einiger Zeit wird der gärende Most dann abgepresst. Je nachdem, um welche Rebsorte es sich handelt, wie lange die Maischegärung dauert, und bei welchen Temperaturen sie stattfindet wird mehr oder weniger Farbe abgegeben. Der Winzer kann also steuern, ob er später einen eher dunklen oder einen etwas helleren Rotwein haben möchte. Neben den roten Farbstoffen geht bei der Maischegärung noch ein weiterer Stoff mit in den Wein über: das Tannin. Diese Gerbstoffe – fachsprachlich Tannine genannt – prägen später einmal den Charakter des Rotweins. Hat er viele Tannine, wird er eher herzhaft und kräftig, wirkt aber in der Jugend oft »pelzig« auf der Zunge, wie zu lange gezogener schwarzer Tee. Das Tannin hat aber neben seiner Geschmacksfunktion noch eine weitere Aufgabe: Es konserviert den Wein recht gut. Weine mit weniger Tanninen sind in ihrer Jugend weicher und zugänglicher, allerdings natürlich oft weniger lange haltbar. Der Tanningehalt eines Weins hängt auch stark von den einzelnen Rebsorten ab.

Der abgepresste Most kommt dann in das Gärfass oder den Gärtank, häufig auch ins Barrique. Ab jetzt verläuft die alkoholische Gärung nach dem gleichen Muster, wie beim Weißwein, allerdings idealerweise bei etwas höheren Gärtemperaturen (22 °C bis 25 °C).

WAS ÜBRIG BLEIBT

Wenn der Wein, ob rot oder weiß, gepresst ist, bleiben die nährstoffreichen Schalen übrig: der Trester. Trester ist ein begehrter Dünger, man kann aber auch Schnaps daraus brennen. Er heißt in Deutschland Tresterbrand, in Frankreich Marc und in Italien Grappa.

6 Anschließend kommt der Wein in die Flasche.

1 Die frisch geernteten roten Trauben kommen in den Keller und werden entrappt.

2 Anschließend kommen sie als Ganzes in einen Gärbehälter. Durch den Druck der Trauben tritt Saft aus, es entsteht ein Saft-Schalen-Gemisch, die sogenannte Maische. Schon in diesem Stadium beginnt die alkoholische Gärung.

5 Der Kellermeister entscheidet nun, wie lange der Wein in Fass oder Tank verbleibt oder ob er, bei guten Rotweinen häufig der Fall, im Barrique ausgebaut werden soll.

4 Nach einiger Zeit sterben die Hefen mangels Nahrung ab. Der Wein ist dann in der Regel »trocken«, hat also kaum noch Zucker. Wenn sich die abgestorbenen Hefen am Tankboden abgesetzt haben, wird der Wein »abgestochen« und kommt in den Lagertank oder das Lagerfass.

3 Nach einem Zeitraum, den der Winzer entscheidet, wird der gärende Most mit der Kelter abgepresst, der Wein kommt in den Gärtank und gärt dort weiter.

DER AUSBAU DES WEINES IM FASS

Viele Menschen denken, dass ein guter Wein in Holzfässern gelagert wird, bevor man ihn abfüllt. Das stimmt nicht immer – und dass dem so ist, ist auch gut so. Denn die meisten Weine, insbesondere Weißweine, werden heute am liebsten jung und frisch getrunken. Dafür eignet sich eine Lagerung in Edelstahltanks besser, weil der Wein dort in der Regel luftdicht gelagert wird und seine Frische behält. Und die Frische ist für die meisten Weine ein wichtiges, erhaltenswertes Gut. Lagert der Winzer Weine im Holzfass, kann er damit verschiedene Dinge anstreben: In 1000 bis 5000 Liter großen, zumeist alten Holzfässern »atmet« der Wein, weil das Holz wie eine Haut ein wenig Sauerstoff durchlässt, nimmt aber kaum Geschmack vom Holz an. Das macht man gerne bei Weißweinen, die lange reifen können, wie beispielsweise die klassischen Rieslinge von der Mosel. Verbreitet ist der Ausbau im großen Holzfass besonders auch bei Rotweinen, die ebenfalls eine sanfte Fassreife bekommen sollen, ohne nach Holz zu riechen oder zu schmecken. Anders sieht es aus bei den ebenfalls sehr beliebten »Barriques«: Das sind kleine 225-Liter-Fässchen aus Eichenholz, deren Sinn und Zweck es ist, Aromen an den Wein abzugeben. Bei der Herstellung dieser Fässchen werden die Fassdauben, also die gebogenen Bretter, aus denen später das Fass gemacht wird, über Feuer auf der künftigen Innenseite ausgebrannt, fachsprachlich heißt das

getoastet, um das Fass in die gewünschte Form biegen zu können. Neben- oder Hauptzweck dieser Aktion: Durch das Brennen entstehen typische Röstaromen. Wird das Fass mit Wein befüllt, löst dieser aus dem Eichenholz des Fasses Gerbstoffe und die beim Ausbrennen entstandenen Aromastoffe, die den Geschmack des Weines zusätzlich beeinflussen. Je neuer das Fass ist, desto stärker ist dieser Effekt. Wird eine Barrique das erste Mal mit Wein »belegt«, also befüllt, gibt sie wesentlich mehr Aroma- und Gerbstoffe an den Wein ab als beim zweiten, dritten oder vierten Mal. Danach ist es ohnehin vorbei, dann hat sich dieser Effekt erledigt.

WELCHE WEINE KOMMEN INS FASS?

In Barriques werden hauptsächlich wertvolle Rotweine gelagert. Die Winzer versprechen sich komplexere Aromen und dichtere Weine davon, was häufig auch klappt, wenn sie gekonnt mit Wein und Holz umgehen. Manche Kellermeister versuchen auch, minderwertige, dünne Weine mit Barrique aufzupeppen. Das geht häufig grausam daneben, weil die Barrique die Weine eben auch ganz schön strapaziert und einem sauren, dünnen Stöffchen schon mal final das Genick bricht. Auch einige Weißweine kommen in die Barrique. Besonders bei der Rebsorte Chardonnay ist das sehr beliebt: Hier können dank des Fassholzes mollige, volle Weine mit schönen Vanilletönen entstehen. Säurebetontere Rebsorten wie Riesling

oder Sauvignon blanc eignen sich in der Regel nicht so gut für den Barriqueausbau. Mehr über den Charakter der einzelnen Rebsorten erfahren Sie im nächsten Kapitel. Nun hat das Arbeiten mit den Barriques einen gravierenden Nachteil: Es ist aufwendig und teuer. Ein 225-Liter-Barriquefässchen, das von einem sehr guten Küfer stammt, kann schon mal stolze 1000 € kosten – und bringt die schmeckbarsten Resultate für den Wein eigentlich nur in den ersten zwei Jahren, in denen man Wein darin lagert. Außerdem ist es eine Menge Arbeit, den Wein in die Barriques hineinzufüllen und irgendwann wieder herauszuholen.

VON TOAST UND CHIPS – WIE DAS HOLZ IN DEN WEIN KOMMT

Manche Winzer möchten ihren Weinen aber eine Holznote geben, ohne extra eine Fasslagerung durchzuführen. Das hat neben den hohen Kosten für die Fässer auch mit deren Qualität zu tun. Barriquefässer werden aus Eichen unterschiedlicher Lagen und Länder hergestellt, wodurch sie sich schon mal deutlich unterscheiden. Besonders Barrique aus französischer und amerikanischer Eiche geben später unterschiedliche Geschmacksnuancen an den Wein ab. Wie beim Wein spielt auch beim Fass eine wesentliche Rolle, wo und auf welchem Boden die Eiche gewachsen ist.

Die Vanilletöne, die beim Barriqueausbau im Wein entstehen, sind aber auch bei den Produzenten preiswerter Konsumweine sehr beliebt. Allerdings ist ein Barriqueausbau bei einem 3-Euro-Wein schlicht nicht finanzierbar. Was also tun? Für diese Zwecke hat die Weinkellereibedarfsindustrie »Chips« entwickelt: Eichenspäne oder -stifte, die in verschiedenen Toastgraden angeboten werden. Sie werden entweder während der Gärung direkt auf die Maische gegeben oder in einem Netz in den Wein im Tank gehängt und nach einiger Zeit, wenn sie genügend Aromen abgegeben haben, wieder entfernt. Hinterher werden diese weingetränkten Holzstücke manchmal getrocknet und in Baumärkten als aromatisches Grillholz verkauft.

AROMENSPENDER HOLZBRETT

Eine andere Möglichkeit der Aromatisierung sind getoastete Holzbretter, die eine Zeit lang in den Weintank gestellt werden. Das ist alles nicht sonderlich romantisch, ermöglicht es aber, preiswert und in großem Stil Konsumweine mit leichtem oder auch derbem »Holztouch« zu produzieren. Die Finesse und Komplexität der ganz großen Barriqueweine erreicht man so nicht – aber das sollte man bei einem gefälligen 3- bis 5-Euro-Wein auch nicht unbedingt erwarten.

MERLOT

SYRAH

PINOT

RIESLING

CHARDONNAY

SAUVIGNON BLANC

KAPITEL 3

DIE WICHTIGSTEN REBSORTEN

... UND WAS MAN DARAUS MACHT

Die wichtigsten Beispiele für bekannte Weinherkünfte, die ausschließlich aus einer Rebsorte bestehen, auch wenn sie nicht auf dem Etikett steht:

Frankreich
Chablis, Chablis Premier Cru, Chablis Grand Cru, Bourgogne blanc, Bourgogne blanc Premier Cru, Bourgogne blanc Grand Cru: *Chardonnay*
Bourgogne rouge, Bourgogne Premier Cru Rouge, Bourgogne Grand Cru rouge: *Pinot Noir (Spätburgunder)*
Beaujolais rouge, Crus de Beaujolais: *Gamay*
Sancerre, Pouilly Fumé: *Sauvignon blanc*
Vouvray, Montlouis: *Chenin blanc*

Italien
Barolo und Barbaresco: *Nebbiolo*
Gavi, Gavi di Gavi: *Cortese*

Die hier vorgestellten verschiedenen Traubensorten bieten Ihnen eine gute Möglichkeit, sich eine erste geschmackliche Orientierung zu verschaffen. Und es gibt Rebsorten, die sich ähneln. Wenn Sie feststellen, dass Sie gerne knackig-frische Rieslinge mögen, dann ist es sehr wahrscheinlich, dass Ihnen auch ein Sauvignon blanc schmeckt. Und wenn ein schmelzig-fülliger Chardonnay Ihr Ding ist, werden Sie vermutlich mit den meisten Weiß- oder Grauburgundern auch gut fahren. Wenn ein fruchtig-unkomplizierter Dornfelder Ihnen mundet, werden Sie mit den meisten Merlots ganz glücklich werden. Und wenn ein kraftvoller Cabernet Sauvignon etwas für Sie ist, werden Sie einen klassischen Malbec vermutlich lieben. Von daher können Sie, wenn Sie den Grundcharakter einer Rebsorte kennen, Rückschlüsse ziehen, ob Ihnen ein Wein daraus schmecken könnte oder nicht.

PORTRAITS EINIGER REBSORTEN

Weltweit gibt es ungefähr 10.000 verschiedene Rebsorten, wobei ständig neue »alte« in verwilderten Weinbergen entdeckt werden. Nur rund ein Viertel davon werden für den Weinbau verwendet. Davon haben einige wenige Auserwählte als »Edelreben« Karriere gemacht und sind mittlerweile fast in der gesamten Weinwelt zu finden. Einige andere haben regional oder in ihren Ländern große Bedeutung erlangt, so wie Tempranillo in Spanien oder Sangiovese in Italien. Die meisten Rebsorten siedeln heute fast überwiegend in der eng eingegrenzten Region, wo sie ursprünglich vor vielen Jahren entstanden. Diese nennt man »autochthone Reben«. Nachdem lange Jahre die internationalen Lieblinge überall im Mittelpunkt standen, legen in letzter Zeit viele Winzer vermehrt Wert auf die Rebsorten ihrer Heimat und versuchen, deren Potenziale herauszukitzeln.

HERRSCHAFTSWISSEN ZUM ANGEBEN

Rebsortenweine – früher fast ein Sonderweg, heute weltweit verbreitet

In Deutschland, Österreich, Südtirol und im Elsass wird es seit jeher als Qualitätsmerkmal angesehen, wenn eine einzige Rebsorte auf dem Etikett angegeben wird. Hier hat der Ausbau »rebsortenreiner«, also nur aus einer Traubensorte bestehende Weine, Tradition und wird auch voller Stolz kommuniziert. In vielen klassischen Weinbaugebieten Frankreichs steht die Rebsorte zwar nicht auf dem Etikett – aber es ist zwingende Vorschrift, wenn man den Namen der jeweiligen Qualitätsregion nutzen will, die dafür zugelassene einzige Rebsorte zu verwenden. Wenn Sie also einen Wein aus einer dieser Herkünfte erwerben, können Sie sicher sein, sofern die gesetzlichen Vorgaben eingehalten wurden, dass er ausschließlich aus der hierfür vorgeschriebenen Rebsorte besteht. In Bordeaux, Südfrankreich, Spanien, Italien und Portugal wurden früher traditionell überwiegend Cuvées gekeltert – vielfach ist das auch heute noch so. In den letzten Jahrzehnten haben sich durch das Vordringen des Weinbaus in der Neuen Welt, also in den USA, Südamerika, Australien, Neuseeland oder Südafrika, rebsortenreine Weine wesentlich breiter durchgesetzt als früher. Heute stehen dort vor allem die wichtigsten »Edelrebsorten« Chardonnay, Sauvignon blanc, Cabernet Sauvignon, Merlot, Syrah/Shiraz oder Pinot Noir/Spätburgunder als Synonym für bestimmte Geschmackstypen.

Die häufigste und die unbekannteste Rebsorte

Wissen Sie, welches die weltweit am meisten angebaute Rebsorte zur Weinerzeugung ist? Nicht etwa, wie man vielleicht annehmen könnte, so etwas wie Merlot oder Chardonnay, nein: Es ist die weiße Airén-Traube. Sie wächst fast nur in Spanien und ist ziemlich langweilig – aus Airén sind bestenfalls brave, trockene, neutrale Zechweine zu gewinnen. Deswegen wird sie auch meistens zu Brandy, Wermut oder anderen Produkten auf Weinbasis weiterverarbeitet. Und sagt Ihnen »Glera« etwas? Wahrscheinlich nicht, Glera kennt kein Mensch. Aber: Das ist die einzige erlaubte Traubensorte zur Herstellung von Prosecco.

BARBERA

Farbe: Rot

Wichtigste Anbaugebiete: Piemont, vereinzelt in Argentinien und den USA

Charakter: Barbera ist eine tolle Traube für kernige, fruchtige und lebhafte Rotweine und ein schöner Essensbegleiter zur herzhaften italienischen Küche. Junger Barbera zeigt Aromen von Sauerkirschen, Brombeeren, Erdbeeren, Kirschen, Heidelbeeren oder Himbeeren, gereift können Noten von Baumrinde, Salbei, Walderde, Pfeffer oder Lakritze hinzukommen.

Gute Cuvéepartner: Nebbiolo (»Langhe Rosso«)

Weintyp: herzhaft und kernig

BLAUFRÄNKISCH

Farbe: Rot

Wichtigste Anbaugebiete: Burgenland/Österreich, Ungarn, Württemberg

Andere Namen: Lemberger oder Limberger (Deutschland), Kékfrankos (Ungarn)

Charakter: Aus dieser Rebsorte können sowohl leichte als auch kräftige Rotweine entstehen, wobei die kräftigen Varianten spannender sind und toll zu dunklem Grillfleisch, Schmorgerichten oder Wild passen. Häufig Aromen von Brombeere, Heidelbeere, Minze, frischer Feige oder Zimt.

Gute Cuvéepartner für kräftigen Blaufränkisch: Zweigelt, Cabernet Sauvignon (Ö/U)

Gute Cuvéepartner für leichten Blaufränkisch: Trollinger (»Lemberger mit Trollinger«)

Weintyp: charaktervoll und kräftig

CABERNET FRANC

Farbe: Rot

Wichtigste Anbaugebiete: Bordeaux, Loire, Norditalien (Friaul, Trentino)

Charakter: Cabernet Franc ist die freakige, würzige und tempe-ramentvolle Verwandte der erfolgreichen Bordeaux-Streberrebe Cabernet Sauvignon. Neben den klassischen Beerenfrüchten wie Schwarze Johannisbeere und Himbeere zeigt sie gern würzige Noten von Wacholder und viel schwarzem Pfeffer oder von knackiger roher grüner Paprika. Wird meistens für klassi-sche Bordeaux-Cuvées verwendet. Ein echter Geheimtipp sind reinsortige Cabernet Francs von der Loire aus Chinon, St. Nicolas de Bourgueil oder Saumur-Champigny. Da geht noch die Post ab mit Ecken und Kanten.

Gute Cuvéeparter: Cabernet Sauvignon, Merlot

Weintyp: würzig-pfeffrig und überraschend

CABERNET SAUVIGNON

Farbe: Rot

Wichtigste Anbaugebiete: Die erfolgreichste aller roten Edel-reben ist weltweit verbreitet.

Charakter: Der internationale Showstar präsentiert sich im Idealfall kraftvoll und würzig, mit Anklängen an Schwarze Johannisbeere (Cassis), Rote Johannisbeere, grüne Paprika, Vanille, Tabak, bittere Schokolade und Kaffee. In Bordeaux ist Cabernet Sauvignon fast immer in Cuvées zu finden, großartige reinsortige Weine kommen zum Beispiel aus Kalifornien, Australien, Chile und Argentinien.

Gute Cuvéepartner: Cabernet Franc, Merlot

Weintyp: kräftig und gehaltvoll

CARMENÈRE

Farbe: Rot

Wichtigste Anbaugebiete: Chile, Norditalien

Eigentlich kommt diese Traubensorte aus Bordeaux, wo sie aber fast ausgestorben war, und machte völlig überraschend Karriere in Chile. Dort wurde sie jahrzehntelang mit Merlot verwechselt, bis die Chilenen erkannten, dass sie da »aus Versehen« eine eigene Spezialität in ihren Weinbergen stehen hatten, die in Chile überdies sehr leckere Weine ergibt. Die besten Carmenères sind rund und geschmeidig, haben wenig Säure und bezaubernde Fruchtnoten nach Kirschen, Schwarzen Johannisbeeren (Cassis), Schokolade, Leder und reifer roter Paprika. Tolle, softe Begleiter zu Geflügelgerichten.

Nach der »Enttarnung« meist reinsortig ausgebaut

Weintyp: *weich und samtig*

CHARDONNAY

Farbe: Weiß

Wichtigste Anbaugebiete: Die Welt ist ihr Feld.

Die Chardonnay ist der weiße »Big Player« in der Champions-League und überdies das Chamäleon unter den Rebsorten: Kaum eine andere Traube ist so wandelbar und bietet ein so breites Spektrum von straffen, kargen, mineralisch geprägten knalltrockenen Weinen wie in Chablis bis hin zu fetten tiefgelben, buttrigen, nuss-honigduftenden Kandidaten aus dem Barrique. Gern aus Kalifornien oder Australien. Aprikose, Honigmelone, Ananas, Blütenduft, bei den Holzvarianten auch noch Toast, Butter und Karamell sind häufig prägende Aromen.

Bedeutende andere Namen: Morillon, in der Steiermark für nicht im Holz ausgebaute Chardonnays verwendet.

Gute Cuvéepartner: meist reinsortig ausgebaut, ansonsten Weißburgunder, weißgekelterter Pinot Noir und Pinot Meunier (für Champagner)

Weintyp: *harmonisch und mild*

CHENIN BLANC

Farbe: Weiß

Wichtigste Anbaugebiete: Frankreich (Loire), Südafrika

Die Chenin-blanc-Traube hat einige Parallelen zum Riesling: Sie verfügt über eine kräftige Säure, eignet sich gut zum Ausbau von edelsüßen Gewächsen und die besseren Weine können sehr gut altern. Häufig vorkommende Aromen sind Orange, Aprikose, Birne, Zitronenmelisse, Apfel oder Quitte, bei vollreifen Weinen auch mal Ingwer, Curry oder Gewürznelke. Überraschung: In Südafrika ist Chenin blanc die meist angebaute Traubensorte, früher häufig unter dem Namen »Steen«. Sie bietet dort das ganze Programm von sehr einfach bis edel. Meist reinsortig ausgebaut

Weintyp: manchmal etwas anstrengend, aber lohnenswert

DORNFELDER

Farbe: Rot

Wichtigste Anbaugebiete: Deutschland, hauptsächlich Rheinhessen und Pfalz

Der Dornfelder ist die überraschendste Karriere im deutschen Nachkriegs-Weinbau geglückt: Die tiefdunkle Rebe war ursprünglich nur gezüchtet worden, um farbschwache deutsche Rotweinreben wie Portugieser oder Spätburgunder durch ein wenig Beigabe aufzupeppen und dunkler zu machen. Aber dann verliebten sich die Menschen massenweise in das einfach zu verstehende Geschmacksbild mit deutlicher Kirscharomatik, unterfangen von etwas Brombeere, Veilchen, Zimt und Lorbeer – und so wurde der Dornfelder völlig ungeplant zu einer der beliebtesten deutschen Rebsorten. Wein aus der Dornfelderrebe wird auch gerne halbtrocken oder lieblich ausgebaut. Meist reinsortig ausgebaut

Weintyp: fruchtig und rund

GAMAY

Farbe: Rot

Wichtigste Anbaugebiete: Beaujolais, Burgund, Schweiz

Eine der am meisten unterschätzten Rebsorten, die in den Cru-Lagen des Beaujolais aufregende, spannende und substanzreiche Weine ergibt. Sie ist geprägt durch Aromen von Himbeere, Johannisbeere, Banane, Veilchen, Erdbeere, Wacholder und Orangenschale. Gamay-Weine passen gut zu herzhaftem Essen und Gegrilltem.

Gute Cuvéepartner: Pinot Noir, z. B. im Bourgogne Passetoutgrains oder im Dôle (Schweiz)

Weintyp: würzig mit schöner Frucht

GELBER MUSKATELLER

Farbe: Weiß

Wichtigste Anbaugebiete: Österreich, Italien, Bulgarien, Griechenland, Spanien

Andere Namen: Goldmuskateller, Moscato Giallo

Aus einer der ältesten Kulturrebenfamilien der Welt stammend feiert die lange verkannte Sorte ausgehend von der Steiermark gerade ein glänzendes Comeback als toller, aromatischer trockener Apéritifwein. Wird in südlichen Ländern auch gerne süß oder süß-schäumend ausgebaut, wie beispielsweise beim Moscato d' Asti. Aromen von Rosenblättern, Mandel, Orangenschale, Muskatnuss und Kardamom

Meist reinsortig ausgebaut

Weintyp: blumig und bukettreich

GRAUBURGUNDER

Farbe: Weiß

Wichtigste Anbaugebiete: Deutschland, Elsass, Norditalien, Kalifornien

Andere Namen: Pinot Grigio, Ruländer, Pinot Gris

Diese Rebe stand früher in Deutschland unter dem Namen »Ruländer« für goldgelbe, meist liebliche, schwere Weine. Nachdem dann die Italiener mit trockenen, teilweise aber auch sehr belanglosen Grauburgundern unter dem Namen »Pinot Grigio« große Erfolge feierten, fingen auch die Deutschen an, diese Rebe vermehrt als trockenen Grauburgunder anzubieten. Beliebte und teilweise sehr gelungene Weine mit Aromen von Banane, Haselnuss, Honig Karamell, Melone, Wiesenblumen und Mandel

Meist reinsortig ausgebaut

Weintyp: harmonisch und rund

GRENACHE

Farbe: Rot

Wichtigste Anbaugebiete: Spanien, Südfrankreich, Sardinien

Andere Namen: Garnacha Noir, Cannonau

Diese Rebsorte hat man normalerweise gar nicht so auf dem Zettel – sie zählt aber zu den wichtigsten und traditionsreichsten im Mittelmeerraum. Meistens »versteckt« sie sich in Cuvées mit Syrah (Côtes du Rhône, Côtes du Roussillon), reinsortig ausgebaut ergibt sie körperreiche Weine mit viel Alkohol und sehr milder Säure. Häufig Aromen von Himbeere, Brombeeren, Lakritz, Anis und Rumtopf. Als Solist ein Star im spanischen Priorat und auf Sardinien (Cannonau)

Gute Cuvéepartner: Syrah (Frankreich), Tempranillo (Spanien)

Weintyp: fruchtig, weich und säurearm

GRÜNER VELTLINER

Farbe: Weiß

Wichtigste Anbaugebiete: Österreich, Tschechien

Die österreichische Paraderebe erbringt herzerfrischende, pfeffrige und lebhafte Gewächse und zählt zu den besten Weißweintrauben der Welt. Ihr verdankt das Weinland Österreich, wo sie ein Drittel der Rebfläche bedeckt, maßgeblich seinen guten Ruf. Neben dem klassischen »Pfefferl« finden sich häufig Aromen von Zitrus, Pfirsich, grünem Apfel, Blütenwiese, Zitrone, Melone oder Minze.

Meist reinsortig ausgebaut

Weintyp: *rassig, frisch und lebhaft*

GUTEDEL

Farbe: Weiß

Wichtigste Anbaugebiete: Baden, Schweiz

Andere Namen: Fendant und Chasselas (Schweiz)

In Deutschland beliebt als leichter, unkomplizierter und säurearmer Zechwein wartet der Gutedel mit Aromen von Mirabelle, Aprikose, gelbem Apfel, Zitronenschale und weißen Blüten auf. In der Schweiz steht er teilweise in den besten Lagen auf Granit- oder Kalkböden und ergibt dann oft recht vielschichtige Weine.

Meist reinsortig ausgebaut

Weintyp: *leicht, trocken, unkompliziert*

MALBEC

Farbe: Rot

Wichtigste Anbaugebiete: Argentinien, Südwestfrankreich (Cahors)

Die ursprünglich aus Südwestfrankreich stammende Trauben-sorte war dort fast verschwunden und machte dann in Argenti-nien überraschend Karriere: Sie ist dort die »Nationaltraube« geworden und erbringt kraftvolle, würzige, und dunkle Weine mit Aromen von Brombeere, Pflaume, Lorbeer, Wacholder, grünem Gras, Bitterschokolade und Tabak. Passt daher auch vorzüglich zu riesigen Steaks vom Holzkohlegrill.

Meist reinsortig ausgebaut

guter Cuvéepartner: Cabernet Sauvignon

Weintyp: *charaktervoll und kräftig*

MERLOT

Farbe: Rot

Wichtigste Anbaugebiete: weltweit verbreitet

Die Merlot-Rebe ist sozusagen der »Gegenpol« zu den oft etwas strengen Cabernet Sauvignons und gilt weltweit als Synonym für fruchtige, runde, leicht zugängliche, aber sehr leckere Rotweine. Reinsortig betört sie mit Aromen von Roter Johannisbeere, Kirsche, Himbeere, Heidelbeere, aber auch Minze oder Vanille. Weil sich Merlot und Cabernet Sauvignon so gut ergänzen, bilden sie häufig gemeinsam die Basis für einige der weltweit bedeutendsten Rotweine – nicht nur aus Bordeaux, sondern auch häufig aus der Neuen Welt. Gute Mer-lots sind alles andere als banal – einer der teuersten Weine der Welt, Château Pétrus, wird in manchen Jahren als reinsortiger Merlot erzeugt.

Gute Cuvéepartner: Cabernet Sauvignon, Cabernet Franc

Weintyp: *weich, fruchtig, samtig*

MÜLLER-THURGAU

Farbe: Weiß

Andere Namen: Rivaner, Riesling-Silvaner

Wichtigste Anbaugebiete: Deutschland, Österreich, Südtirol, Trentino, Schweiz

Der Wein hatte lange kein besonders gutes Image in Deutschland (»Müller-Würgau«), bis qualitätsbewusste Winzer begannen, die Erntemengen pro Hektar zu reduzieren. Da Müller-Thurgau lange Jahre außer Mode war und kaum nachgepflanzt wurde (vorher war er die meistangebaute Traubensorte in Deutschland) gibt es jetzt vergleichsweise viele wertvolle, alte Rebanlagen, aus denen duftig-elegante, säurearme Weine mit Aromen von Äpfeln, Walnuss, Orangenschale, Mandel und Kürbis, gepaart mit einem Hauch Muskat stammen.

Meist reinsortig angeboten, landet aber auch noch relativ häufig in anonymen Supermarktcuvées ohne Rebsortenangabe

Weintyp: *frisch, fruchtig, unkompliziert*

NEBBIOLO

Farbe: Rot

Wichtigstes Anbaugebiet: Piemont (Barolo, Barbaresco)

Nebbiolo ist die spröde Schöne unter den faszinierenden Rotweinreben der Welt. Die zumeist sehr teuren ziegelroten Weine sind in der Jugend oft unzugänglich und haben durchaus kernige, zupackende Tannine. Die große Aromenvielfalt von getrockneter Feige, Brombeere, Dörrpflaume, Nelke, Zimt, Wacholder, Waldboden, Leder und Kräutern kann anstrengend sein, lohnt aber die Auseinandersetzung. Seriöser Essensbegleiter zu Schmorgerichten und Wild

Meist reinsortig ausgebaut

Weintyp: *fordernd, streng, vielschichtig und kraftvoll*

PINOT NOIR

Farbe: Rot

Andere Namen: Pinot nero, Spätburgunder, Blauburgunder, Schwarzburgunder

Wichtigste Anbaugebiete: Burgund, Champagne, Deutschland, Österreich, Oregon (USA), Neuseeland

Die kapriziöseste und forderndste Rotweinrebe der Welt ist gleichzeitig eine der ältesten Kulturreben der Menschheit und hat schon manchen Winzer zur Verzweiflung getrieben: Guter Pinot Noir ist in seiner grazilen, tiefen Sinnlichkeit durch nichts zu übertreffen, aber ungeheuer schwer zu erzeugen. In Bestform zeigt er tiefe, komplexe Aromen von Himbeere, Brombeere, Erdbeere und Muskatnuss, unterlegt gelegentlich von feinem Rosenduft und einem Hauch Zeder.

Beliebte Cuvéepartner: Meist reinsortig ausgebaut; hell gekeltert für Champagner (mit Chardonnay und Pinot Meunier), mit Gamay im Burgund als Passetoutgrains und in der Schweiz als Dôle

Weintyp: subtil und nuancenreich mit feiner Würze

PINOTAGE

Farbe: Rot

Wichtigstes Anbauland: Südafrika

Diese Rotweintraube gilt als die südafrikanische Nationalrebe. Hier wurde sie gezüchtet, nur hier hat sie wirklich Bedeutung. Während einfache Pinotages früher oft gerne Aromen von verbranntem Gummi aufwiesen, kommen heute einige schöne Weine dieser Rebsorte vom Kap. Mit Aromen von Brombeere, Schwarzer Johannisbeere, Banane, Paprika, Nelke, Rosmarin, Wacholder, Kaffee oder Tabak sind sie bisweilen recht vielschichtig und passen gut zu rustikalen Grillgerichten.

Beliebte Cuvéepartner: Shiraz (Syrah), Cabernet Sauvignon

Weintyp: charaktervoll und würzig

RIESLING

Farbe: Weiß

Wichtigste Anbaugebiete: Deutschland, Österreich, Elsass, Australien

Deutschlands Paradetraube wird gern als »Königin der weißen Reben« bezeichnet. Zu Recht: Guter Riesling verfügt über eine faszinierende Mineralität und beschwingte Eleganz. Kaum eine Rebsorte kann mit relativ wenig Alkohol so eine Geschmacksfülle bieten. Das Spektrum reicht über leichte oder kräftige trockene Weine bis hin zu feinen restsüßen Kabinettweinen (Mosel) oder richtig konzentrierten edelsüßen Gewächsen. Dabei finden sich Aromen von Aprikose, Pfirsich, Apfel, Zitrone, Mirabelle, Ananas, Birne oder Limette genauso wie, je nach Boden, Anklänge an Feuerstein oder Schiefer.

Meist reinsortig ausgebaut

Weintyp: *Rassig, lebhaft, beschwingt*

SANGIOVESE

Farbe: Rot

Wichtigste Anbaugebiete: Toskana, Emilia Romagna, Marken

Die herzhafte und fruchtige Sangiovesetraube ist wichtigster Bestandteil der berühmtesten toskanischen Weine: Chianti, Chianti Classico, Brunello di Montalcino. Guter Sangiovese bezaubert mit schöner, saftiger Kirschfrucht und kann Aromen von Brombeere, Himbeere, Wacholder, Kaffee, Vanille, Veilchen, Kräuter, Waldboden und Zeder aufweisen.

Beliebte Cuvéepartner: Montepulciano, Cabernet Sauvignon, Merlot

Weintyp: *herzhaft und kraftvoll*

SAUVIGNON BLANC

Farbe: Weiß

Wichtigste Anbaugebiete: Loire, Steiermark, Friaul, Neusee-land, Südafrika

Anderer Name: Fumé blanc

Einer der vier absoluten Rebsortenstars, die von Frankreich aus kommend ihren Siegeszug in die Welt angetreten haben, und der große Gewinner der letzten Jahre. Sauvignon ist etwas für Leute, die knackig-frische, vitale Weißweine mit schönen Fruchtaromen zu schätzen wissen. Mit betörenden Aromen von frisch gemähtem Gras, Grapefruit, Stachelbeere, aber auch mal, bei den herberen Typen, Brennnessel und grüner Paprika belebt er die Sinne. Er ist ein toller Begleiter zu Fisch und Krustentieren, gern auch asiatisch ausgerichtet, wie über-haupt zu vielen Varianten von »Fusion Food«. Meist reinsortig ausgebaut, außer in Bordeaux, wo er normalerweise mit einer Rebsorte namens Sémillon verschnitten wird.

Weintyp: *knackig frisch und fruchtig*

SCHEUREBE

Farbe: Weiß

Wichtigste Anbaugebiete: Deutschland, Österreich

Anderer Name: Sämling 88

Für diese bezaubernde weiße Rebsorte, auch als deutsche Alternative zum Sauvignon gehandelt, gilt es, eine Lanze zu brechen. Die Weine verführen oft mit einer schönen Nase von Weißer Johannisbeere, Mandarine, Mandel, Aprikose, Pfirsich, Maracuja und Minze und haben eine gute Struktur. Durch die angenehme Säure und die klare Frucht eignet sich die Scheu-rebe vorzüglich für edelsüße Weine. Das ist übrigens die einzige »entnazifizierte« deutsche Rebsorte: Ursprünglich nach einem Nazi-Bauernführer »Dr. Wagner-Rebe« genannt, wurde sie 1956 nach ihrem Züchter Dr. Georg Scheu in Scheurebe umbenannt.

Meist reinsortig ausgebaut

Weintyp: *fruchtig-frisch und aromatisch*

SILVANER

Farbe: Weiß

Wichtigste Anbaugebiete: Franken, Rheinhessen

Auf den ersten Blick liefert der Silvaner, bei uns schon seit mindestens 2000 Jahren ansässig, eine Looser-Story: Noch Anfang der 1970er-Jahre die meistgepflanzte deutsche Traubensorte mit über 30% Anteil an der Rebfläche dümpelt er heute um die 5%-Hürde herum. Dabei liefert er in guten Lagen tolle Weine mit diskreter, pikanter Frucht und schönem Schmelz. Im Aroma dominieren Honigmelone, Blütenduft, Zitronenschale, Gras, Kräuter, und bei wuchtigeren Weinen eine Spur Honig. Eine klassische »Liebe auf den zweiten Schluck« und ein toller Begleiter zu Spargel und hellem Geflügel. Meist reinsortig ausgebaut

Weintyp: *fein und mit diskreter Eleganz*

SYRAH

Farbe: Rot

Wichtigste Anbaugebiete: Südfrankreich, Australien, Südafrika, Argentinien, Chile, Kalifornien

Anderer Name: Shiraz

Ausgehend von der Rhône hat diese Rebsorte die Herzen der Freunde voller, dichter, würziger und konzentrierter Rotweine in aller Welt erobert. Heidelbeere, Brombeere, Blaubeere, Minze, Zimt, Muskat, Bitterschokolade, Nelke, Speck und Toast-Aromen finden sich in guten Shiraz wieder. Durch seine spezifische Würze bei gleichzeitig weichen Tanninen ist er ein sanfter Verführer, der häufig seine hohen Alkoholgrade nicht spüren lässt.

Beliebte Cuvéepartner: Grenache (Rhône, Languedoc), Cabernet Sauvignon (Übersee)

Weintyp: *samtig, voll und würzig*

TEMPRANILLO

Farbe: Rot

Wichtigste Anbauländer: Spanien, Portugal

Andere Namen: Tinto fino oder Tinto del Pais (Ribera del Duero), Cencibel (Valdepenas), Aragones (Portugal)

Tempranillo-Weine kennen Sie, auch wenn Ihnen der Name vielleicht nicht viel sagt. Er ist die mit Abstand wichtigste spanische Rotweinsorte und steckt in nahezu allen Crianzas, Reservas oder Gran Reservas, die Ihnen so über den Weg laufen. Der Siegeszug spanischer Rotweine mit weichen, charmanten, zugänglichen und fruchtbetonten Tropfen ist maßgeblich dem Tempranillo zu verdanken. Seine Aromen, häufig nach Pflaume, Banane, Feige, Dattel, Wacholder, Nelke, Kakao und Lebkuchen, gefallen den Menschen einfach richtig gut.

Beliebte Cuvéepartner: Garnacha, Cabernet Sauvignon

Weintyp: samtig und weich mit Charakter

TRAMINER

Farbe: Weiß

Wichtigste Anbaugebiete: Deutschland, Elsass, Südtirol

Das Aromawunder unter den weißen Rebsorten betört häufig mit einem ausgeprägten Wildrosenbukett, unterlegt mit Quitte, Walnuss, Mandel, Orange oder Minze. Traminer und Gewürztraminer (eine Variante des Traminers) eignen sich sowohl zum trockenen Ausbau als auch für elegante Weine mit leichter Restsüße und sind hervorragende Begleiter zu reifem Käse oder asiatischen Gerichten.

Meist reinsortig ausgebaut

Weintyp: exotisch und sehr aromatisch

TROLLINGER

Farbe: Rot

Wichtigste Anbaugebiete: Württemberg, Südtirol

Andere Namen: Vernatsch, Schiava

Der Trollinger ist ein recht schlichter Geselle, der leichte, helle, einfach zu trinkende Rotweine ergibt. Leicht gekühlt schmeckt er am besten. In Südtirol (Kalterersee, Magdalener) zählt er zu den »Grundnahrungsmitteln«, und die Schwaben peppen ihn gerne in Cuvées mit Lemberger auf, was etwas stukturiertere Weine ergibt. Im Aroma zeigt er Sauerkirsche, Rote Johannisbeere, Erdbeere, Efeu, etwas schwarzen Pfeffer und manchmal einen Hauch Muskat.

Beliebter Cuvéepartner: Lemberger

Weintyp: leicht und süffig

WEISSBURGUNDER

Farbe: Weiß

Wichtigste Anbaugebiete: Deutschland, Elsass, Norditalien

Andere Namen: Pinot blanc, Pinot bianco

Der charmante und elegante Weißburgunder ist in den letzten Jahren zu einem der beliebtesten deutschen Weine aufgestiegen. Kein Wunder: Hier findet er teilweise hervorragende Anbauvoraussetzungen und besticht mit lebhaften Aromen von Ananas, Birne, Banane, Zitrone oder frischen Haselnüssen, bei kräftigeren Weinen auch gern mal mit einem Hauch Blütenhonig unterlegt. Weißburgunder ist ein wunderbarer Essensbegleiter zu hellem Geflügel, Spargel oder Fisch, macht aber auch als Solist eine gute Figur.

Meist reinsortig ausgebaut

Weintyp: fruchtig, harmonisch und zugänglich

ZINFANDEL

Farbe: Rot

Wichtigste Anbaugebiete: Kalifornien, Apulien

Anderer Name: Primitivo (lt. DNA-Analyse von Meredith (USA), 2001, sind Zinfandel und Primitivo zwei verschiedene Spielarten einer kroatischen Sorte, der Crljenak)

Die schönsten Weine aus dieser Rebsorte sind wahre »Aromabomben« und das rote Aushängeschild des kalifornischen Weinbaus: üppig-schwelgerisch präsentieren sich Aromen von Brombeere, Feige, Himbeere, Rosinen, Backpflaumen, Vanille, Orangenschalen, Nelken, Tabak, Pfeffer und Zimt. In den letzten Jahren kommen auch aus Apulien immer mehr bemerkenswerte Primitivos, wie die Rebsorte dort heißt.

Meist reinsortig ausgebaut

Weintyp: *samtig, rund und voll*

ZWEIGELT

Farbe: Rot

Wichtigstes Anbauland: Österreich

Die Zweigeltrebe, eine relativ neue Züchtung aus dem 20. Jahrhundert, hat in Österreich eine rasante Karriere gemacht und dort alle anderen roten Trauben abgehängt.

Der Grund dafür liegt in ihrer Vielseitigkeit: Aus Zweigelt kann man von einfachen Literschoppen bis hin zu hochwertigen Prestigeweinen fast alles machen. Die Aromatik von Herzkirsche, Brombeere, Walnuss, Banane und Bitterschokolade ist zugänglich, gefällig und leicht verständlich. Zur klassischen österreichischen Küche von Gulasch über Tafelspitz bis hin zum Wiener Schnitzel passen die meisten Zweigelt-Weine ausgezeichnet.

Beliebte Cuvéepartner: Blaufränkisch, Cabernet Sauvignon

Weintyp: *fruchtig, harmonisch, weich*

NOCH EIN PAAR REBSORTEN IN KÜRZE, AUF DIE SIE HIER UND DA MAL TREFFEN KÖNNTEN

Albarino: Erbringt schöne, frische und fruchtige Weißweine in Nordspanien (Rias Baixas) und knackigen Vinho Verde in Portugal (Alvarinho).

Arneis: Die interessanteste Weißweinrebe im Piemont ergibt stoffige, spannende und lebendige Gewächse mit Anklängen an Mandel und Birne.

Assyrtiko: Tolle Geheimtipp-Weißweintraube aus Griechenland, die insbesondere auf den Vulkanböden der Insel Santorin mineralische, animierende und fast ein wenig »salzige« Gewächse erbringt.

Auxerrois: Diese weiße Rebe zählt zur Burgunderfamilie und ergibt feine, weiche und fruchtige Gewächse.

Blauer Portugieser: Früher die häufigste rote Rebsorte in Deutschland, bringt bei hohem Ertrag ziemlich dünne Weine, aber bei niedrigen Erträgen aus alten Rebanlagen kommen manchmal bemerkenswerte Weine dabei heraus, die im Charakter an guten Gamay erinnern.

Carignan (Carignano, Carinena): Die in ganz Südeuropa erstaunlich weitverbreitete rote Sorte steckt häufig in Cuvées. Wird sie mit geringen Erträgen von alten Rebstöcken geerntet, können sehr spannende, tiefdunkle und würzige Weine dabei herauskommen.

Cinsault: Auch ein klassischer Partner in Südfrankreich- oder Rhône-Cuvées, manchmal gute reinsortige Rosés.

Colombard: Liefert hauptsächlich in Südwestfrankreich und der neuen Welt, frisch-fruchtige Weißweine mit lebendiger Säure.

Cortese: Sie ist die Rebsorte von Gavi und Gavi di Gavi im Piemont.

Corvina: Reinsortig ist sie so gut wie unbekannt, aber die wichtigste Traubensorte für Bardolino, Valpolicella und Amarone.

Dolcetto: Traditionsreiche Rotweinrebe aus dem Piemont, ergibt tiefdunkle, unkomplizierte, jung zu genießende Weine.

Elbling: Weiße Traube, an der Mosel beheimatet. Leitet sich vom römischen »albus«, die Weiße, ab. Ergibt leichte, säurefrische Weine.

Frühburgunder: Verwandt mit dem Spätburgunder, er ergibt vor allem an der Ahr einige sensationelle Rotweine.

Furmint: Wichtigste Rebsorte des ungarischen Süßweins Tokajer, aber auch recht guter trockener Weine, zum Beispiel aus Slowenien.

Garganega: Die Hauptrebsorte im Soave, die Weine sind, je nach Ertrag und Lage, belanglos neutral bis bedeutend mit eleganter Frucht.

Kerner: Besonders in Württemberg geschätzter, fruchtiger Weißwein, Züchtung aus Riesling mit Trollinger.

Lagrein: Wichtige rote Qualitätsrebe in Südtirol, ergibt dunkle, kräftige Weine mit Charakter.

Lambrusco: Bei uns überwiegend (leider) nur als süßer roter Perlwein bekannt, ergibt aber trocken und prickelnd ausgebaut animierende und charaktervolle Essensbegleiter zu rustikaler Küche.

Macabeo: Wichtige weiße Rebsorte in Spanien, er gibt fruchtige und blumige Weine, kommt auch in den meisten Cava-Cuvées vor.

Malvasia: Blumige, aromatische Weißweine mit dezentem Muskattouch, häufig als Süßwein angeboten; sehr verbreitet in Italien, Spanien, Portugal und Kroatien.

Montepulciano: Hauptsächlich in Mittelitalien (Abruzzen, Marken) angebaute Rotweintraube, meist unkomplizierte, angenehm zu trinkende Weine, die gut zu Pizza, Pasta oder Grillwurst passen. Einige Spitzenwinzer kitzeln aber deutlich mehr Potenzial raus.

Mourvèdre (Monastrell): Sie ist vor allem in Südfrankreich und Spanien verbreitet. Ein geschätzter Partner in roten Südfrankreich- oder Rhône–Cuvées, reinsortig ergibt sie kräftige, tiefdunkle Weine mit weihevoller Würze.

Negroamaro: Richtig gute rote Traubensorte, die vor allem in Apulien geschmeidige und würzige Rotweine mit sanften Tanninen hervorbringt.

Nero d'Avola: Der Stolz Siziliens – symphatische, unkomplizierte fruchtige Rotweine, die aber, besonders wenn sie von Vulkanböden kommen, auch Tiefe und Komplexität erbringen können.

Petit Verdot: Immens würzige, konzentrierte, tiefdunkle Rotweine, die im Bordeaux, aber auch in Übersee, so manch klassischer Cabernet-Merlot-Cuvée den letzten Kick verleihen.

Refosco: Herzhafte, tanninreiche, manchmal etwas spröde Rotweine, die vor allem im Friaul als rustikale Essensbegleiter beliebt sind.

St. Laurent: Wiederentdeckte alte Sorte, die in Deutschland und Österreich fruchtig-elegante, an Burgunder erinnernde Rotweine hervorbringt.

Schwarzriesling (Pinot Meunier): Diese rote Rebsorte hat mit Riesling überhaupt nichts zu tun, sondern gehört zur Burgunderfamilie. In Deutschland liefert sie, hauptsächlich in Württemberg, vorwiegend leichte, aromatische Rotweine, in Frankreich ist sie als Pinot Meunier eine der drei zugelassenen Rebsorten für Champagner.

Tannat: Die ursprünglich aus Südwestfrankreich (Madiran) stammende, ziemlich kernige Rotweintraube hat ihr Glück in Uruguay gefunden, wo sie, wie Malbec in Argentinien und Carmenère in Chile, zur hoch geschätzten »Nationalrebe« avancierte. Enthält vermutlich von allen Rebsorten die meisten Herzinfarkt vorbeugenden Polyphenole.

Trebbiano (Ugni blanc): Ist sehr verbreitet, weil sie in ganz vielen italienischen und südfranzösischen Weißweinen steckt. Reinsortig ergibt sie meist neutrale, unkomplizierte, säurearme Konsumweine; eine sehr schmackhafte Trebbiano-Variante verleiht dem Lugana seinen Charakter.

Verdejo: In den letzten Jahren sehr erfolgreich mit frischen, fruchtigen fröhlichen Weißweinen hauptsächlich aus der spanischen Region Rueda.

Verdicchio: Rebe aus Mittelitalien (Marken), ergibt fruchtige, nussige, zum Teil äußerst langlebige Weine.

Vermentino: Ergibt spannende, lebhafte Weißweine mit schönem Säurespiel; beheimatet in Ligurien, auf Sardinien, der Maremma und Südfrankreich.

Vernaccia: Die Traube ist hauptsächlich aus dem toskanischen San Gimignano bekannt und ergibt leicht-neutrale bis würzige trockene Weißweine.

Viognier: Sehr edle Weißweinsorte von der nördlichen Rhône. Goldgelbe Weine mit intensiven, vielschichtigen, blumigen und würzigen Aromen.

Welschriesling: Mit »echtem« Riesling weder verwandt noch verschwägert. Ergibt leichte, unkomplizierte Weißweine und gedeiht vor allem in Österreich, Norditalien und Slowenien.

Xynomavro (MavroNaoussis): Wertvolle griechische Rotweinrebe, ergibt langlebige und herzhafte Weine («Naoussa»).

300 Jahre alt – ein Traminerrebstock, wie aus dem Bilderbuch.

Kunstvolle Komposition
Eine Cuvée-Herstellung ist ähnlich dem Kochen, wo die leckersten Gerichte durch das Zusammenspiel verschiedener Gewürze und Aromen ihren Charakter erlangen und ihre Vollendung erfahren. Lösen Sie sich von der Vorstellung, dass nur ein rebsortenreiner Wein ein guter Wein ist! Ein mieser Riesling oder Merlot wird nicht dadurch besser, dass er nur aus einer Traubensorte besteht. Und eine kunstvoll komponierte Cuvée aus fünf verschiedenen Traubensorten kann zu den besten Weinen der Welt gehören.

DIE CUVÉE – DIE GROSSE KUNST DES KELLERMEISTERS

In den traditionellen südeuropäischen Weinbauländern ist die Philosophie der rebsortenreinen Weine als Maß aller Dinge nicht so verbreitet – und das ist auch gut so. Hier weiß man seit Jahrhunderten, dass sich die Eigenschaften verschiedener Rebsorten im Team hervorragend ergänzen können. Also »verschneidet« man verschiedene Rebsorten miteinander, oder einfacher ausgedrückt, man mischt sie. Dieser Verschnitt oder diese Mischung heißt »Cuvée«, und der Vorgang wird vornehm als »cuvétieren« bezeichnet. Kompetent gemacht ist ein Cuvée-Wein eine ganz große Kunst, da hier das Händchen des Kellermeisters gefragt ist, der Charakter und Qualität entscheidend mitprägt. So sind zum Beispiel einige der teuersten Weine der Welt, die großen klassifizierten Bordeaux, bei denen eine Flasche auch mal mehrere 1000 Euro kosten kann, fast immer Cuvées.

DIE WICHTIGSTEN »CUVÉE-FAMILIEN«

Im Laufe der Jahrhunderte hat sich gezeigt, dass sich bestimmte Rebsorten hervorragend ergänzen. Sie werden gerne zu Cuvées vereinigt. Eine Hochburg haben die klassischen Cuvées im Mutterland der heute verbreiteten Weinkultur: in Frankreich.
Die »Bordeaux-Weiß-Cuvée«: Sie besteht hauptsächlich aus den Rebsorten Sauvignon, und Sémillon, gelegentlich ergänzt durch Muscadelle

Die »Bordeaux-Rot-Cuvée«: Klassischerweise das erprobte Trio aus Cabernet Sauvignon, Cabernet Franc und Merlot, dazu gelegentlich als besondere »Würze« die seltene, edle Rebsorte Petit Verdot oder die Übersee-Karrieristen Malbec und Carmenère
Die »Südfrankreich-Cuvée«: Viele Rhôneweine wie auch etliche Gewächse aus dem Languedoc-Roussillon basieren wesentlich auf einer Grundcuvée aus Syrah (Shiraz) und Grenache (Garnacha), ergänzt durch seltenere regionale Traubensorten wie Carignan, Mourvèdre oder Cinsault

BEZEICHNUNGSUNSCHÄDLICHER VERSCHNITT

Häufig ist es ja so, dass sich Weine verschiedener Rebsorten in ihren Eigenschaften und Fähigkeiten wunderbar ergänzen. Auf der anderen Seite möchten aber die Menschen gerne den Namen einer Rebsorte auf dem Etikett lesen, weil sie dies als Qualitätsmerkmal wahrnehmen. Daher gibt es im Weingesetz den nicht sonderlich vertrauenerweckenden Begriff des »bezeichnungsunschädlichen Verschnitts«. Was im ersten Moment so unseriös klingt, versetzt aber in Wirklichkeit die Winzer in die Lage, behutsam die Defizite eines Weines mit einem anderen Wein auszugleichen oder »abzuschmecken«. Bis zu 15 % Beigabe einer zweiten Rebsorte oder eines anderen Jahrganges sind erlaubt, ohne dass es auf dem Etikett deklariert werden muss. Natürlich kann

HERRSCHAFTSWISSEN ZUM ANGEBEN

Die Champagner-Cuvée

Champagner, das ist ja das ganz Erstaunliche, wird überwiegend aus roten Reben gekeltert. (Siehe auch: Weiß, Rosé, Rot: Die Unterschiede in der Herstellung). Dabei sind für die Champagnerproduktion drei Traubensorten zugelassen. Eine davon ist die weiße Chardonnay. Wird Champagner ausschließlich aus Chardonnay erzeugt, darf er sich »Blanc de Blancs«-Champagner nennen, also »Weißer aus Weißen«. Dazu kommen zwei Rotweinreben aus der Burgunderfamilie: Das eine ist Pinot Noir oder Spätburgunder, die andere Rebsorte heißt in Frankreich »Pinot Meunier«. Der deutsche Name dieser Traubensorte, die mit dem Spätburgunder verwandt ist, lautet verblüffenderweise »Schwarzriesling« – eine Traubensorte, die in Württemberg häufig als reinsortiger Rotwein angeboten wird. Champagner darf also aus den drei Rebsorten Chardonnay, Spätburgunder und Schwarzriesling erzeugt werden. Wenn Sie demnächst mal eine Flasche Schwarzriesling sehen, können Sie Ihre Umgebung mit der Frage verblüffen »Wisst Ihr, dass man aus dieser Traubensorte Champagner machen darf?« Wird weißer Champagner nur aus den zulässigen roten Reben gekeltert, darf er sich »Blanc de Noirs«, also »Weißer aus Schwarzen« nennen. In den letzten Jahren wird in Deutschland auch verstärkt Blanc de Noirs als Wein angeboten – zumeist ebenfalls aus der Spätburgundertraube, die sich vorzüglich dafür eignet.

ein Kellermeister das ausnutzen, um beispielsweise seinen begehrten Riesling mit 15 % irgendeiner Ladenhüter-Rebe, die keiner haben will, zu strecken. Aber qualitätsbewusste Winzer setzen diese Möglichkeit eher ein, um Weine besser zu machen. In einem Jahr, das in den Reben wenig Säure hervorgebracht hat, kann beispielsweise einem Weiß- oder Grauburgunder ein Schuss knackiger Riesling richtig auf die Sprünge helfen. So mancher Muskateller wird durch ein wenig aromatischen Traminer noch runder und interessanter. Und die tiefdunkle Dornfelder-Rebe wurde ohnehin ursprünglich nur gezüchtet, um blassfarbenen deutschen Rotweintrauben à la Portugieser oder Trollinger zu etwas mehr Farbe zu verhelfen. Sie können also Ihre Weintrinker-Freunde schon mit einem verschwörerisch gemurmelten »Wusstet Ihr eigentlich schon, dass es einen *bezeichnungsunschädlichen Verschnitt* gibt?« in Angst und Schrecken versetzen, sollten sie aber anschließend flugs darüber aufklären, was es damit für eine Bewandtnis hat.

FORMEN DER WEINVERMARKTUNG

– UND WAS DAS ETIKETT ERZÄHLT

Wie kommt jetzt der Wein vom Winzer zu Ihnen? Die Formen der Weinvermarktung sind mannigfaltig und schwer zu durchschauen. Hier ein kleiner Leitfaden, um den »Bezeichnungsdschungel« ein wenig zu lichten.

WER FÜLLT EIGENTLICH WEIN AB?

Grundsätzlich kann man drei wesentliche Formen der Weinabfüllung unterscheiden:

• den selbst vermarktenden Winzer
• die Winzergenossenschaft
• die Handelskellerei

DER WINZER

Der selbst vermarktende Winzer oder die selbst vermarktende Winzerin ist das Ideal, das sich der Weinromantiker vorstellt: Er baut selbst seine Reben an, baut selbst den Wein in seinem Weinkeller aus, füllt ihn bei sich im Weingut in Flaschen ab und verkauft ihn anschließend direkt ab Hof. In so einem Fall darf er seinen Wein auch als »Erzeugerabfüllung« oder »Gutsabfüllung« deklarieren. Beim Winzer erleben Sie den höchsten Individualitätsgrad in der Weinvermarktung. Er kann mit Ihnen gegebenenfalls in seinen Weinberg gehen und auf wenige Quadratmeter genau zeigen, wo der Wein gewachsen ist, den Sie gerade im Glas haben. Bei einem wirklich guten Winzer zu Gast zu sein ist, ohne den anderen Vermarktungsformen nahetreten zu wollen, eine der spannendsten Arten, Wein zu erfahren und zu erleben. Aber, siehe Kapitel 1: Beileibe nicht jeder Winzer hält, was er verspricht. Im Zweifel sind Sie mit einem guten Kellerei- oder Genossenschaftswein besser bedient als mit einem Wein von einem mäßigen oder schlechten Winzer.

DIE WINZERGENOSSENSCHAFT

Die Winzergenossenschaft ist ein Zusammen-schluss von Winzern. Das kann nur eine Handvoll sein, es gibt aber auch Winzergenossenschaften mit mehreren Tausend Mitgliedern. Diese brin-gen in der Regel ihre Trauben zu einer zentralen Erfassungsstelle, also einem gemeinsamen Keller, wo die Weine gepresst, ausgebaut und unter Um-ständen auch abgefüllt werden. Da den Winzern ja die Genossenschaft gemeinsam gehört, sind sie eine Gruppe von Erzeugern. Wenn die Genossen-schaft also einen Wein abfüllt, der ausschließlich aus Trauben ihrer Mitglieder besteht, darf sie diesen Wein ebenfalls, wie der Einzelwinzer, als »Erzeugerabfüllung« bezeichnen. Ein Großteil der Genossenschaftsweine, insbesondere in Südeu-ropa, wandert auch an die Handelskellereien. Viele – nicht alle – Genossenschaften haben in den letzten Jahrzehnten gewaltige Qualitätsan-strengungen unternommen: Sie schauen ihren Mitgliedswinzern im Weinberg auf die Finger und bilden sie regelmäßig weiter, damit diese im Weinanbau alles richtig machen. Sie achten dar-auf, dass die Hektarerträge nicht zu hoch werden, sie bezahlen die Trauben nach Qualität, sie haben häufig sehr gut ausgestattete Keller und bestens ausgebildete, kompetente Kellermeister/-innen. Von daher braucht ein wirklich guter Genossen-schaftswein den Vergleich mit den Gewächsen guter Winzer absolut nicht zu scheuen. Auch hier gilt wie beim Winzer: Wenn Ihnen ein Wein einer Genossenschaft sehr gut geschmeckt hat, ist die Wahrscheinlichkeit hoch, dass Sie andere Weine von dort auch mögen.

DIE HANDELSKELLEREI

Die Handelskellerei ist vom Volumen her die wichtigste Vermarktungsform für Weine. Sie kauft Weine im Fass ein – entweder bei Einzelwinzern oder bei Genossenschaften oder bei anderen Handelskellereien. Die großen Mengen Wein, die von den Supermärkten und Discountern benötigt werden, können in der Regel nur von Handels-kellereien oder sehr großen Genossenschaften bedient werden. Diese produzieren von einzelnen Weinen oft enorme Mengen, sodass sie ratio-nell arbeiten und dem Preisdruck des Handels standhalten können. Nahezu alle Weine, die im Handel zwischen einem und drei Euro pro Fla-sche angeboten werden, stammen von Kellereien oder Genossenschaften. Bei diesen Weinen geht es auch weniger um Individualität und schmeck-bare Lagenunterschiede oder Ähnliches. Hier wird meist eine solide Grundqualität und Berechenbar-keit im großen Stil angestrebt – trinkbare Weine, die unter dem gleichen Etikett möglichst immer ähnlich schmecken sollen, um die Erwartungshal-tung der Verbraucher zu befriedigen. Es gibt aber auch sehr ambitionierte Handelskellereien, die sich bei den Winzern die Rosinen rauspicken und Premiumweine anbieten. Die Auswahl ist groß, denn die wenigsten Winzer füllen ihre Weine

Zum Weineinkauf sollte man sich Zeit nehmen. Die meisten Fachgeschäfte legen dementsprechend großen Wert auf eine angenehme Atmosphäre.

selbst in Flaschen ab. Meistens liefern sie ihre Trauben an eine Genossenschaft oder verkaufen den Wein oder die Trauben an die Handelskellereien. Und auch viele selbst abfüllende Winzer haben nicht genug Kunden, um ihre gesamte Ernte in der Flasche zu verkaufen. Sie verkaufen dann den Wein, der übrig bleibt, an Kellereien. Aus diesen Quellen stammt der größte Teil der Weine, die weltweit konsumiert werden.

WO KAUFE ICH MEINEN WEIN?

Ihre Möglichkeiten, irgendwo oder bei irgendwem an Wein zu gelangen, sind mannigfaltig. Selbst Baumärkte, Boutiquen oder Buchhändler bieten bisweilen den vergorenen Rebensaft an. Hier erhalten Sie eine Übersicht über die wichtigsten Einkaufsquellen.

WEINKAUF BEIM DISCOUNTER

Im genussmäßig preissensiblen Deutschland, wo viele Menschen lieber in Leichtmetallfelgen oder XXL-Flachbildschirme als in hochwertige Lebensmittel investieren, haben sich die sogenannten »Hard-Discounter« à la Aldi, Netto, Penny oder Lidl zur wichtigsten Bezugsquelle für Wein entwickelt. Das ist, wenn man nicht allzu hohe Ansprüche an Individualität und Charakter stellt, durchaus in Ordnung. Die Discounter haben meist ein kleines, überschaubares Weinprogramm, das sich schnell in großen Mengen umschlägt. Gut so, denn besonders einfache Wei-

ne schmecken frisch am besten. Wer also gerne eine süße Spätlese ohne Rebsortenangabe mag, einen leichten, simplen, trockenen Soave schätzt, zur Grillparty einen unkomplizierten, in Europa gefüllten Cabernet oder Chardonnay aus Übersee goutiert und pro Flasche möglichst nicht mehr als 2 € ausgeben möchte, hat hier ganz gute Karten, einen sehr fairen Gegenwert für sein Geld zu bekommen. In den letzten Jahren sind einige Discounter dazu übergegangen, beispielsweise zur Weihnachtszeit, zusätzlich teure, renommierte Weingattungen wie Barolo, Brunello di Montalcino oder bekannte Bordeaux anzubieten. Hier ist allerdings Vorsicht geboten: Manche Herkünfte sind einfach automatisch teuer, aber auch dort gibt es natürlich qualitativ recht überschaubare, in großen Mengen verfügbare Einstiegsqualitäten, die für die großen Anbieter am ehesten in Frage kommen. Wer also einen leckeren Rotwein vorwiegend aus der Rebsorte Sangiovese sucht, ist oft mit einem besonderen Chianti aus dem Fachhandel für 9 € besser bedient, als mit einem gleichpreisigen C-Promi-Brunello vom Discounter. Und wem der Sinn nach edlem Schaumwein steht, der findet vielleicht im Internet einen exzellenten Crémant aus dem Elsass oder dem Burgund für 11–12 €, der den Handelsmarken-Champagner (das sind Marken, die ein Händler oder eine Handelskette exklusiv besitzt und für die er, wo immer er will, Produkte abfüllen lassen oder zukaufen kann) des Discounters im selben Preis-

Anreicherung
Wein, vor allem trockener Wein, braucht ein bestimmtes Maß an Alkohol, um gut zu schmecken. In kühleren Weinbaugebieten bilden die Trauben dafür oft zu wenig Zucker aus. Daher erlaubt das Weingesetz dort die Anreicherung: Dabei darf dem noch nicht vergorenen Traubenmost Zucker zugesetzt werden, der dann vollständig zu Alkohol vergärt. Das Anreichern heißt in Frankreich übrigens vornehm »chaptalisieren«.

segment souverän in die Schranken verweist. Die Krux dieser Handelsmarken ist auch, dass sich auf Grund der verkauften Riesenmengen oft ganz unterschiedliche Produkte hinter ein und demselben Etikett verbergen. Es kann also durchaus sein, dass Ihnen der Champagner des Discounters XY beim letzten Einkauf sehr gut geschmeckt hat, Sie beim nächsten Mal in gleicher Aufmachung etwas ganz anderes bekommen, das Ihnen längst nicht so gut gefällt. Das ist häufig auch das Problem, wenn Discounter mit Goldmedaillen oder extrem hohen Punktebewertungen von Weinpäpsten à la Parker werben: Bisweilen unterscheidet sich die angebotene Abfüllung deutlich von der ursprünglich prämiierten. Also: Erst mal eine Probeflasche mitnehmen, und wenn die wirklich so gut und günstig ist wie angepriesen, zuschlagen!

WEINKAUF IN SUPERMÄRKTEN, KAUFHÄUSERN UND VERBRAUCHERMÄRKTEN

Die großen Supermärkte und Kaufhäuser punkten meist mit einem sehr umfangreichen Weinsortiment. Das hat Vor- und Nachteile: Einerseits ist die Auswahl groß und die unterschiedlichsten Bedürfnisse werden abgedeckt. Andererseits besteht die Gefahr, dass Weine zu lange im Regal stehen und dort durch Lichteinfluss und Temperaturschwankungen stark strapaziert werden. Oft sind dann die teuersten Weine, weil sie sich am wenigsten verkaufen, die müdesten. In Supermärkten sollten Sie besonders auf die Jahrgänge

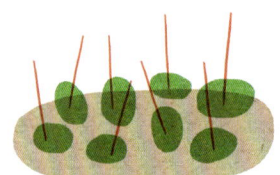

achten und, vor allem bei Weißweinen und Rosé, den jeweils frischesten bevorzugen. Preislich liegen die Supermärkte im Schnitt über den Discountern. Die Qualität und Pflege des Weinsortiments hängt stark vom jeweiligen Betreiber oder Filialleiter vor Ort ab. Eine Sonderrolle spielen hier bisweilen die sogenannten »freien Edekaner«: Selbstständige Edeka-Kaufleute, die in ihren Regionen die Rolle des klassischen, hochwertigen Feinkosthändlers übernommen haben, sich mit viel Hingabe dem Wein widmen und fachhandelsähnliche Sortimente mit teilweise sehr renommierten Weingütern führen.

WEINKAUF IM WEINFACHHANDEL

Der klassische Weinfachhandel bietet Ihnen eine gute Möglichkeit, Ihren persönlichen Vorlieben auf die Schliche zu kommen. Denn hier steht die Beratung im Vordergrund. Wenn Sie an eine kompetente Verkäuferin oder einen kompetenten Verkäufer geraten, können Sie mit ihr oder ihm allmählich Ihren eigenen Geschmack entdecken: Durch Beschreibung dessen, was Sie mögen oder, wie vielfach angeboten, beim direkten Verkosten im Geschäft kann sich der/die Berater/in auf Sie einstellen und Ihnen zunehmend präzisere Tipps geben, was Ihnen gefallen könnte und was nicht. Manche Fachhändler sind auf ein Land oder eine Region spezialisiert, andere decken die ganze Welt ab. Weine im Fachgeschäft kosten deutlich mehr als im Harddiscount und etwas mehr als im Supermarkt, sind aber nicht so teuer, wie Sie möglicherweise befürchten: In der Regel gibt es für knapp 4–5 € pro Flasche solide Einstiegsqualitäten und im Bereich 6–8 € schon richtig gute Gewächse. Die meisten Menschen trauen sich nicht in Weinläden, weil sie befürchten, von oben herab behandelt zu werden und unter 10 € pro Flasche keinen anständigen Wein zu bekommen. Beides trifft in der Regel nicht zu. Diese vielfach verbreitete Schwellenangst führt aber dazu, dass mancher Fachhandel nicht besonders viele Kunden hat, und der eine oder andere Tropfen dadurch zu lange liegt. Achten Sie also auch im Weinladen bei Weiß- und Roséweinen auf möglichst frische Jahrgänge!

WEINKAUF IM INTERNET

Hier hat sich dem Weinfreund in den letzten Jahren eine faszinierende, vielfältige Welt erschlossen: Im Internet gibt es mittlerweile eine schier erschlagende Fülle von Weinanbietern. Damit ist natürlich auch Vorsicht geboten: Vom dubiosen Glücksritter und Hinterhof-Weinleichenvermarkter bis zum hochherrschaftlichen Bordeaux- und Burgunderspezialisten ist alles dabei. Der Vorteil ist also, dass Sie auf ein riesiges Angebot zurückgreifen können, der Nachteil, dass es keine Probiermöglichkeiten gibt. Die besten Internetanbieter geben aber in der Regel eine kompetente Telefonberatung. Auch Zertifizierungen und Bewertungen wie z. B. bei »Trusted Shop« sind

hilfreich zur Orientierung und garantieren eine seriöse Abwicklung Ihrer Bestellung. Interessant ist das Internet auch dann, wenn Sie einen bestimmten, hochpreisigen und bekannten Wein suchen: Über Suchmaschinen wie wein.cc lässt sich hier schnell der preisgünstigste Anbieter ermitteln. Achten Sie auf Zahlungsbedingungen, Lieferfristen und Versandkosten – dort können versteckte Kostenfallen lauern. Auch wenn Weine, die Sie nicht kennen, von der »Netzform« her interessant klingen: Bestellen Sie am besten erst mal eine Flasche pro Sorte und probieren Sie diese zu Hause in Ruhe, bevor Sie größere Mengen ordern. Und: Achten Sie auf den jüngsten Jahrgang!

WEINKAUF DIREKT BEIM WINZER ODER IN DER GENOSSENSCHAFT

Das hat natürlich besonderen Charme: Beim Winzer auf dem Hof seine Kollektion verkosten, ein wenig über den letzten Jahrgang zu plauschen, sich vielleicht gar im Weinberg zeigen lassen, wo die Trauben für diesen oder jenen Tropfen gewachsen sind. Ein paar Dinge sollten Sie dabei jedoch beachten: Überfallen Sie die Winzerin oder den Winzer nicht unangemeldet, sondern verabreden Sie einen festen Termin. Halten Sie ihn oder sie nicht mehrere Stunden im Schnack auf, um dann mit zwei Flaschen vom Billigsten von dannen zu ziehen. Umgekehrt: Nach der zehnten Probe im milden Abendsonnenlicht unter der Linde schmeckt fast alles. Disponieren Sie

Übersichtlichkeit in Weingeschäften hilft, sich zu orientieren und Neuentdeckungen zu machen.

auch bei größter Begeisterung vorsichtig und probieren Sie zu Hause nach. Fast jeder Winzer liefert ab einer bestimmten Menge auch frei Haus. Sehr attraktiv und mit breitem Sortiment ausgestattet sind häufig auch die Ab-Hof-Läden der Winzergenossenschaften.

PREISNIVEAU

Der Preise bei Winzern sind noch sehr unterschiedlich. Bei renommierten, bekannten Weingütern und Genossenschaften sind die Ab-Hof-Preise weitgehend denen des Fachhandels vergleichbar. Etliche kleine, unbekannte Winzer verkaufen ihre Weine ab Weingut aber immer noch recht günstig. Die Unterschiede können hier beträchtlich sein.

WEINKAUF DAHEIM AUF DEM SOFA

Das ist natürlich die denkbar bequemste Art des Weinkaufens: Die Repräsentantin oder der Repräsentant der Direktvertriebsfirma besucht Sie nach Absprache zu Hause und präsentiert Ihnen die Weinkollektion am heimischen Wohnzimmertisch. So können Sie auswählen, was Ihnen daheim am besten schmeckt. Durch den hohen Personalaufwand ist diese Form des Weinvertriebs aber natürlich nicht ganz billig. Ansonsten gilt wie bei der Weinprobe beim Winzer: Lassen Sie sich in einer möglichen beschwingten Begeisterung gegen Probenende nicht zu allzu großen Bestellmengen pro Sorte verführen.

WAS DAS ETIKETT ERZÄHLT

Fast alle weinbautreibenden Länder haben sich mittlerweile mehr oder wenige strenge Weingesetze verordnet. Meist gibt es »Qualitätspyramiden«, wodurch die Weine klassifiziert werden. In vielen Ländern hat sich dabei eine Aufteilung in einfache Tafelweine, Landweine und Qualitätsweine durchgesetzt. Dabei gibt es aber von Land zu Land Besonderheiten. In der EU ist ein Großteil der Weingesetze europaweit einheitlich geregelt.
• Die unterste Kategorie sind in Europa die Weine ohne Herkunftsbezeichnung, Jahrgangs– oder Rebsortenangabe.
• Darüber rangieren Weine mit Rebsorten- und/oder Jahrgangsangabe, aber ohne regionale Herkunftsbezeichnung.
• Noch eine Stufe höher sind die Weine mit geographischer Angabe angesiedelt.
• Die oberste Stufe bilden die Qualitäts- und Prädikatsweine mit geschützter Ursprungsbezeichnung.

DEUTSCHLAND

In Deutschland sind die Einstiegshürden für einen Qualitätswein relativ niedrig: Fast die gesamte deutsche Weinernte wird zumindest als »Qualitätswein bestimmter Anbaugebiete« (QbA) vermarktet. Und nahezu alle für den Weinbau zugelassenen Flächen dürfen Qualitäts- und Prädikatsweine erzeugen. Tafel- und Landweine (»Wein mit geschützter geographischer Angabe,

HERRSCHAFTSWISSEN ZUM ANGEBEN

Der Terroirgedanke in Deutschland: Wieder auf dem Vormarsch

Mit dem Weingesetz von 1971 wurden viele alte, traditionsreiche Weinbergslagen abgeschafft und dürfen nicht mehr verwandt werden. Dazu gibt es seither eine Unterscheidung in »Großlagen« und »Einzellagen«, die außerordentlich unlogisch und verwirrend ist – denn der normale Konsument kann vom Etikett her überhaupt nicht erkennen, ob er einen Wein aus einer kleinen, exquisiten Einzellage vor sich hat, mit einem klar zuzuordnenden Terroir – oder einen Wein aus einer teilweise über 1000 Hektar umfassenden Großlage, wo natürlich keine Orientierung mehr möglich ist. »Niersteiner Gutes Domtal« dürfen sich zum Beispiel Weine aus zum Teil höchst mittelmäßigen Lagen und aus 16 Weinbaugemeinden nennen – im Gegensatz dazu ist beispielsweise der Niersteiner Hipping eine der besten Weinbergslagen Deutschlands. Rund 200 der besten deutschen Weingüter haben sich in einem ziemlich ambitionierten Verein zusammengeschlossen: Dem VDP, Verband deutscher Prädikatsweingüter. Dieser strebt für seine Mitglieder eine Klassifikation nach burgundischem Vorbild an, bei der nur noch die besten Lagen als solche in Erscheinung treten und nur noch liebliche Weine Prädikate wie Kabinett oder Spätlese tragen sollen.

g.g.A.«) gibt es zwar, sie spielen aber bislang keine große Rolle. Über den Qualitätsweinen rangieren verschiedene Prädikate. Für Qualitäts- und Prädikatsweine darf ab 2012 auch der Begriff »geschützte Ursprungsbezeichnung« verwendet werden. Eine Besonderheit: In Deutschland gibt es für *jeden* Qualitäts- oder Prädikatswein eine sensorische Prüfung, das heißt: Er wird von einer unabhängigen Kommission probiert. Wenn der Wein fehlerfrei ist und bei der Qualitätsweinprüfung mindestens 1,5 von 5 zu vergebenden Punkten schafft (das wäre in Schulnoten so etwas wie eine 4-) erhält er eine *Amtliche Prüfnummer* und ist damit *verkehrsfähig*, das heißt, er darf in den Verkauf gelangen. Der große Vorteil: Grob fehlerhafte deutsche Weine können so theoretisch nicht in den Handel kommen – jedenfalls nicht als Qualitätswein.

Das deutsche Weingesetz stammt in seinen Grundzügen von 1971, und das merkt man ihm auch deutlich an. Damals waren viel mehr süße Weine gefragt, liebliche Spät- und Auslesen waren angesagt, und es ging darum, diese preisgünstig und in großen Mengen erzeugen zu können. Das uralte Wissen um die Qualität bestimmter Weinbergslagen interessierte fast niemanden mehr, kurzum: Das Bewusstsein für die Bedeutung des Terroirs war in Deutschland fast völlig verschwunden. Daher orientieren sich die offiziellen Prädikate für deutsche Weine bis heute fast ausschließlich an einem Kriterium: Dem Zuckergehalt des frisch gepressten Traubenmostes, ausgedrückt in Grad Öchsle (siehe Seite 25). Vor dem Klimawandel erreichten die meisten Weine in Deutschland nicht die Öchslegrade, um zum Prädikatswein zu werden. Aus diesem Grunde verbreiteten sich ab den sechziger Jahren des letzten Jahrhunderts sogenannte »Neuzüchtungen«: Traubensorten, die ausschließlich daraufhin gezüchtet worden waren, auch in mäßigen Lagen hohe Zuckerwerte zu erreichen. Der Geschmack war dabei nebensächlich. Mittlerweile landen die meisten dieser Neuzüchtungen mit so klingenden Namen wie Ortega, Optima oder Albalonga, wenn sie überhaupt noch angebaut werden, oft anonym in den lieblichen Kabinett- oder Spätleseweinen ohne Rebsortenangabe im Supermarkt und Discounter – so kann man auch auf ehemaligen Rübenäckern prima Prädikatsweine produzieren. Als Folge des Klimawandels erreichen heute jedoch die meisten Trauben bei der Ernte so hohe Mostgewichte, dass sie zumindest als Kabinett, häufig sogar als Spätlese vermarktet werden könnten. Daher gibt es im Handel so viele Prädikatsweine im Niedrigpreisbereich. Wenn auf Prädikatsweinen nichts weiter draufsteht, sind sie fast immer lieblich – sonst steht es extra hinter dem Prädikat, zum Beispiel »Spätlese trocken« oder »Kabinett halbtrocken«. Die trockenen oder halbtrockenen Qualitätsweine werden mittlerweile zumeist als Rebsortenweine angeboten, aber auch

hier sind die nichtlieblichen Weine meist extra deklariert, z. B. als »Silvaner trocken« oder »Spätburgunder halbtrocken«. Bei hochwertigeren Weinen sind meist Rebsorte, Prädikat und Ausbauart angegeben, also zum Beispiel »Weißburgunder Kabinett trocken«. Die Tendenz vieler Winzer geht aber immer weiter dahin, bei den trockenen Weinen die Prädikate einfach wegzulassen, also auch einen hochwertigen trockenen Riesling, der als Spätlese trocken angeboten werden könnte, einfach als »Riesling trocken« zu deklarieren. Steht hinter der Rebsortenangabe keine Geschmacksbezeichnung, können Sie in Deutschland mit hoher Wahrscheinlichkeit von einem eher lieblichen Wein ausgehen. Ansonsten gilt: In fast allen Weinbauländern sind die ernst zu nehmenden Weine meistens obligatorisch trocken. Wenn sie es nicht sind, steht es in der Regel mit auf dem Etikett. Ein wichtiger Unterschied zwischen Qualitäts- und Prädikatsweinen: Qualitätswein dürfen angereichert werden, Prädikatsweine nicht.

Berühmte Lage an der Mosel, die Prädikatsweine hervorbringt.

DIE DEUTSCHEN PRÄDIKATSWEINE UND IHRE MINDESTMOSTGEWICHTE

Prädikat	Mindestmostgewicht in °Öchsle
Kabinett	73°
Spätlese	85°
Auslese	95°
Beerenauslese	125°
Trockenbeerenauslese	150°
Eiswein	125°

WAS DAS ETIKETT ERZÄHLT

Weinetiketten sind, richtig gelesen, wahre Plaudertaschen: Sie verraten Ihnen viel über den Wein – manchmal sogar mehr, als es dem Weinabfüller lieb ist. Häufig finden Sie übrigens die eigentlich gesetzlich relevanten Angaben auf dem Rückenetikett. Schauen wir uns das anhand einiger – fiktiver – Weinetiketten doch mal an.

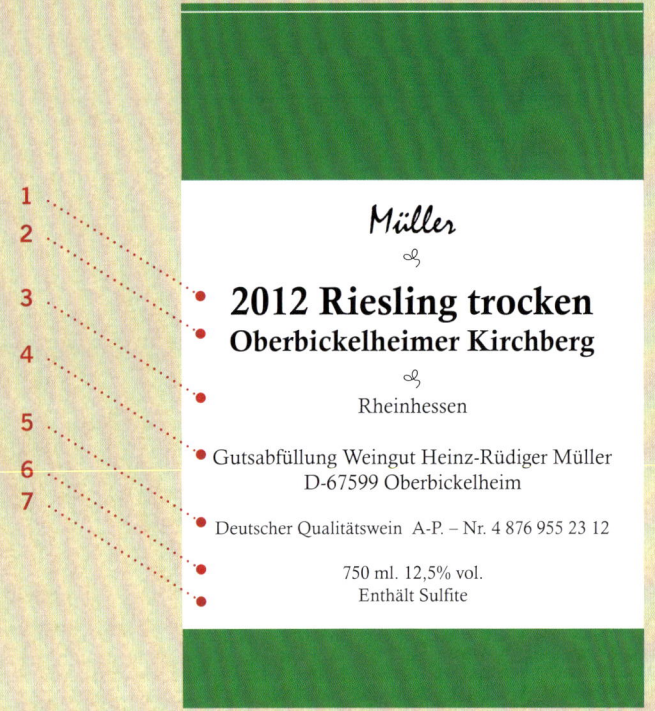

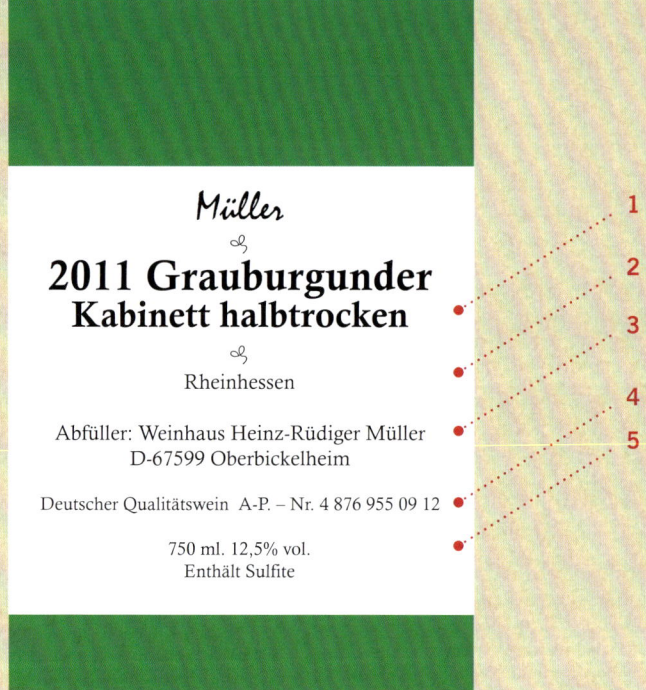

1) Jahrgang, die Rebsorte und die Geschmacksrichtung
2) Angabe der Lage
3) Anbaugebiet
4) Gutsabfüllung. Sie zeigt, dass der Winzer diesen Wein aus eigenen Trauben seiner eigenen Weinberge erzeugt hat. Sie ist sozusagen die De-Luxe-Version der »Erzeugerabfüllung«. Hier steht auch der Weingutsname und Herkunftsort.
5) Bezeichnung »Deutscher Qualitätswein« und Amtliche Prüfnummer (A.-P.-Nr). Sie zeigt, dass der Wein die Qualitätsweinprüfung bestanden hat. Die erste Zahl (4) kennzeichnet die Prüfstelle, die dem Wein die Prüfnummer zugeteilt hat, die beiden nächsten dreistelligen Ziffernblöcke stehen für die Gemeinde, in der sich das Weingut befindet und die Betriebsnummer. Interessant sind die letzten beiden Blöcke der A.-P.-Nummer: Der vorletzte Block (23) zeigt uns, der wie vielte in diesem Jahr abgefüllte Wein dieses Betriebes das ist, der letzte Block (12) steht für das Abfülljahr. Wir sehen also, dass dies der dreiundzwanzigste Wein war, den Herr Müller 2012 abgefüllt hat – und dass er es, wahrscheinlich wegen der großen Nachfrage nach

seinen Weinen, eilig hatte: Denn der Riesling aus dem Jahrgang 2012 kam schon im gleichen Jahr in die Flasche.
6) Angabe der Inhaltsmenge und des Alkoholgehaltes
7) Sulfitangabe. Sulfit oder Schwefel ist in fast alle Weinen bis zu einem geringen Anteil zur Konservierung enthalten; dies muss auf dem Etikett vermerkt werden.

1) Ein Prädikatswein (Kabinett). Aber es fehlt die Lagenangabe, der Wein kann also aus ganz Rheinhessen stammen.
2) Anbaugebiet
3) Obwohl die Etiketten ja identisch aussehen, verbirgt sich hier ein wichtiger Hinweis. Statt »Gutsabfüllung Weingut Müller« steht hier »Abfüller: Weinhaus Müller« Das bedeutet: Herr Müller hat die Trauben oder den Wein zugekauft und bei sich abgefüllt. Das muss nicht bedeuten, dass es sich hier um einen minderwertigen Wein handelt – z. B. wenn Müller gute Trauben eingekauft und sorgsam verarbeitet hat.
4) »Deutscher Prädikatswein« und die Amtliche Prüfnummer
5) Inhaltsmenge und Alkoholgehalt

DISCOUNTERWEIN

Nun machen wir einen Abstecher in den Discount und greifen uns eine Flasche aus dem Regal. Die sieht von vorne ziemlich vornehm aus und ist, trotz des klingenden Adelsnamens und des Prädikates »Spätlese«, nicht teuer: Für knappe 2 € wandert ein solcher Wein beim Discounter in der Regel in den Einkaufswagen.

Frontetikett

1) Name des Abfüllers

2) Prädikatsstufe (Spätlese)

Das **Rückenetikett** ist hier das »eigentliche« Etikett

3) Anbaugebiet

4) Jahrgang

5) Prädikat

6) Prüfnummer

7) Abfüllerangabe. Der »Freiherr« hat offenkundig kein eigenes Weingut, sondern ist Namensgeber einer Weinvertriebsgesellschaft. Der eigentliche Abfüller scheint eine ziemlich große Kellerei zu sein: Immerhin hat er (siehe Pt. 6) 2012 schon stolzen 678 Weinen in die Flasche verholfen. Da hinter »Spätlese« nichts weiter als Geschmacksrichtung steht, können Sie davon ausgehen, dass es sich um einen lieblichen Wein handelt. Rebsorten sind auch keine angegeben, dies ist also wahrscheinlich eine Cuvée.

8) Der eigentliche Abfüller ist nicht erkennbar und verbirgt sich hinter einem Kürzel mit seiner Betriebsnummer.

9) Inhaltsmenge und Alkoholgehalt

1) Angabe des Abfüllers

2) Jahrgang

3) Rebsorte und Ausbauart

4) Prüfnummer

5) Anbaugebiet

6) Dieser Rotwein aus Württemberg ist eine Erzeugerabfüllung. Das eG steht für »eingetragene Genossenschaft«. Wenn Genossenschaften ausschließlich Wein aus Trauben ihrer Mitgliedswinzer abfüllen, dürfen auch sie, wie selbst abfüllende Winzer, den Begriff »Erzeugerabfüllung« verwenden.

7) Inhaltsmenge und Alkoholgehalt

FRANKREICH

In Frankreich gibt es drei Qualitätsstufen. Die unterste heißt »Vin de France« (die alte Bezeichnung »Vin de table« ist noch bis 2014 zulässig) und bezeichnet Wein aus einer Rebsorte und einem Jahrgang, aber aus verschiedenen Regionen. Die nächste sind Landweine der IGPs (Indication Géographique Protegé), also Weine aus einem geographisch abgegrenzten Bereich, die aber durchaus verschiedene Rebsorten beinhalten können. AOP-Weine (Appellation d'Origine Protegée – Weine mit geschützter Herkunftsbezeichnung) – sie können bis 2014 auch noch als AOC-Weine vertrieben werden – orientieren sich stark am Terroirgedanke. Lagen, Rebsorten, Anzahl der Rebstöcke pro Hektarertrag sind hier genau definiert.

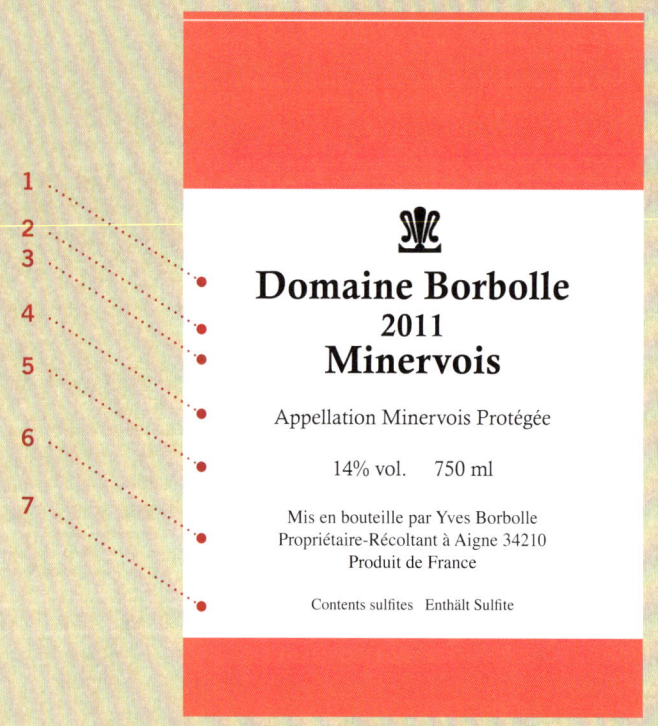

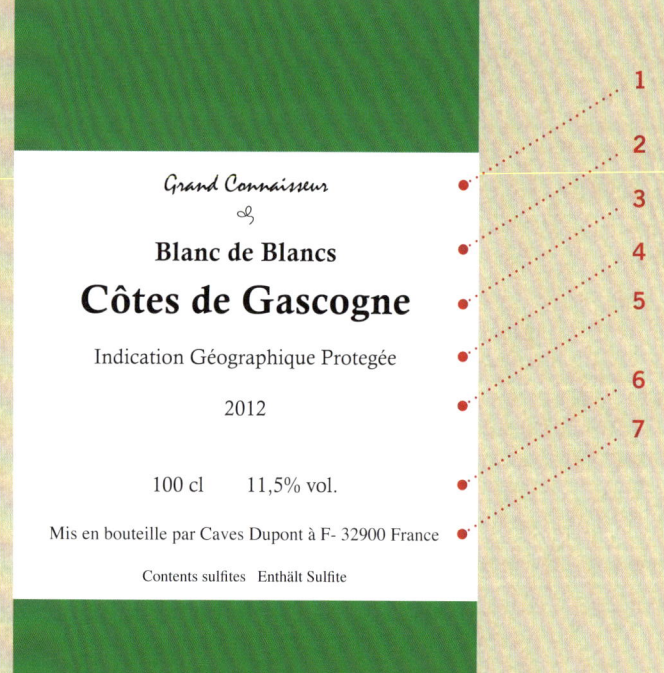

1) Name des Weingutes

2) Jahrgang

3) Anbaugebiet

4) Hier sehen Sie, dass es sich um einen Qualitätswein handelt. (Appellation d'Origine Protégée)

5) Inhaltsmenge und Alkoholgehalt

6) Mis en bouteille par Yves Borbolle heißt »Abgefüllt von Yves Borbolle« Propriétaire heißt Erzeuger, und Récoltant Abfüller. Dies ist also eine Erzeugerabfüllung direkt vom Winzer.

7) Herkunftsland

1) Markenbezeichnung

2) Blanc de Blancs bedeutet »Weißer Wein aus weißen Trauben«.

3) Anbaugebiet

4) Indication Géographique Protegé bedeutet »Landwein«.

5) Jahrgang

6) Inhaltsmenge und Alkoholgehalt

7) »Caves« steht für eine Handelskellerei, die in diesem Falle den Wein abgefüllt hat.

ITALIEN

Auch hier gibt es drei Kategorien. Die unterste sind die Tafelweine »Vino da Tavola«. Darüber rangieren die Landweine, die IGT (Indicazione Geografica Tipica) heißen. Darüber rangieren die Qualitätsweine, DOC (Denominazione di Origine Controllata – kontrollierte Ursprungsbezeichnung). Die Vorschriften bezüglich Lage, Hektarertrag und zugelassener Rebsorten sind an das französische Modell angelehnt. Über der DOC haben die Italiener noch eine Art »Super-DOC«, die DOCG heißt – Denominazione di Origine Controllata e Garantita. Diese Weine erhalten ein staatliches Garantiesiegel und müssen im Anbaugebiet abgefüllt sein. Eine Besonderheit: Einige der teuersten Weine finden sich in der niedrigsten Kategorie »Vino da Tavola«. Das sind edle Tropfen, deren Erzeuger sich entschlossen haben, nicht die für den Qualitätsweinbau in ihrer Region genehmigten Reben zu verwenden, weil sie andere Rebsorten qualitativ besser einschätzen.

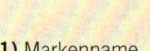

1) Markenname

2) Jahrgang

3) Rebsorte

4) Herkunftszone Salento

5) Indicazione Geografica Tipica (IGT) heißt Landwein

6) Inhaltsmenge und Alkoholgehalt

7) »Imbottigliato par Cantina…« heißt: »Abgefüllt von Kellerei …« Es handelt sich also nicht um eine Erzeuger-, sondern einen Handelskellereiabfüllung.

1) Name des Weingutes, in diesem Fall ein Schloss (Castello)

2) Herkunftsbezeichnung

3) Jahrgang

4) Das ist die höchste Qualitätsstufe für italienische Weine (DOCG).

5) »Imbottigliato all'origine da …« heißt »Originalabfüllung von …« und entspricht der deutschen Erzeugerabfüllung.

6) Herkunftsort und Herkunftsland

7) Inhaltsmenge und Alkoholgehalt

SPANIEN

Die einfachsten Weine heißen »Vino« (früher Vino de Mesa). Darüber rangieren die Vinos de la Tierra (VT). Noch darüber gibt es die Vinos de Calidad con Indicaciòn geografica (VC), die man am besten als gehobene Landweine charakterisieren kann. Gut die Hälfte der Produktion wird als D.O.-Wein vermarktet: Qualitätsweine mit kontrollierter Herkunftsbezeichnung, analog der französischen AOP und der italienischen DOC. Noch darüber angesiedelt sind die D.O.Ca.-Weine: Klassifizierte Weine mit Ursprungsbezeichnung. Weine mit dieser Bezeichnung werden alle, ähnlich den deutschen Qualitätsweinen, vor der Verkaufsfreigabe durch ein unabhängiges Kontrollgremium probiert. Die bekannteste D.O.Ca. – Region ist Rioja. Relativ neu ist die absolute Spitze der spanischen Qualitätspyramide, die »Vinos de Pago«: Diese Weine sollen den Charakter der besten Lagen widerspiegeln. Klassifiziert werden aber nur einzelne Weingüter. Vinos de Pago sind rar und teuer.

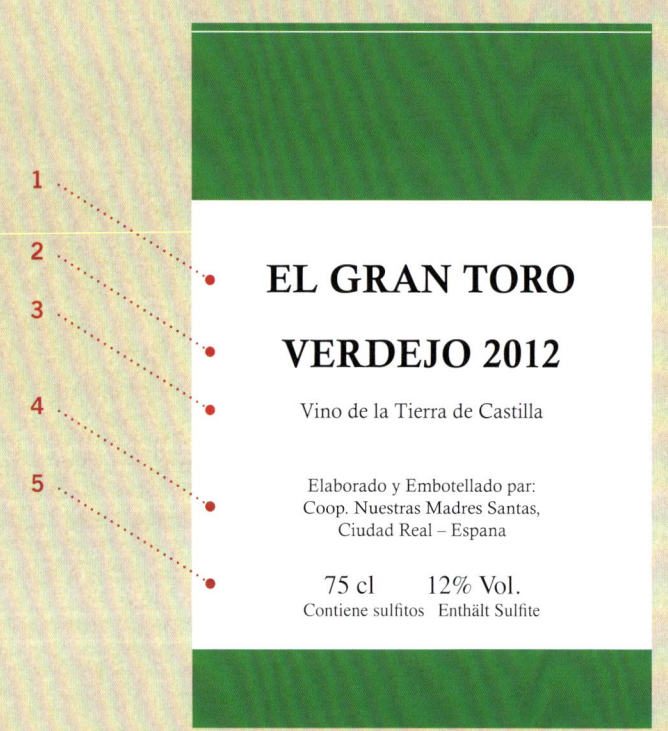

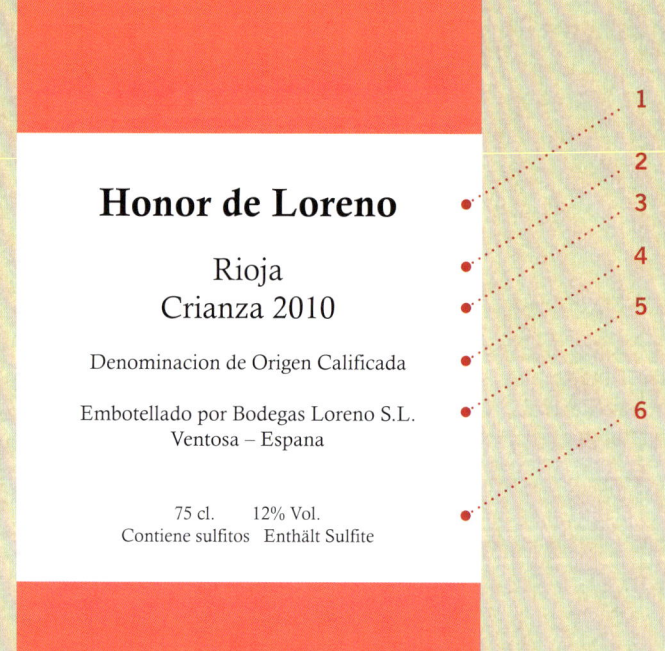

1) Markenname
2) Rebsorte und Jahrgang
3) Qualitätsbezeichnung: »Vino de La Tierra« heißt »Landwein«
4) Angabe des Abfüllers »Elaborado y Embotellado par ...« heißt »Produziert und abgefüllt durch « – das entspricht dem Begriff »Erzeugerabfüllung«. Coop ist die Begriff für Abkürzung von »Cooperativa«, übersetzt: Genossenschaft. Es handelt sich also um eine genossenschaftliche Erzeugerabfüllung.
5) Inhaltsmenge und Alkoholgehalt

1) Markenname
2) Anbaugebiet
3) Qualitätsstufe und Jahrgang
4) Dieser Wein gehört als Rioja automatisch zur höchsten Qualitätsstufe DOCa (Denominacion de Origen Calificada)
5) »Embotellado por ...« heißt »Abgefüllt von ...« Der Wein stammt also offenkundig von einer Handelskellerei
6) Inhaltsmenge und Alkoholgehalt

ÖSTERREICH

In seinen Grundzügen sind die Qualitätsbezeichnungen ähnlich wie in Deutschland: Basis ist »Wein«, der aus dem ganzen Land ohne Herkunftsbezeichnung stammen darf. Darüber rangiert der »Landwein«, der schon, wie die Qualitätsweine, einer recht rigiden Ertragsbegrenzung auf nur 6750 Liter pro Hektar unterliegt. Das Gros der österreichischen Weine wird als Qualitätswein vermarktet, die Bezeichnung »Kabinett« findet in Österreich kaum noch Verwendung. Schon Spät- und Auslesen dürfen, im Gegensatz zu Deutschland, kein Traubensaft zur Süßung (»Süßreserve«) zugesetzt werden, die vorgeschriebenen Mindestmostgewichte sind höher. Eine österreichische Besonderheit unter den Süßweinen ist der Stroh- oder Schilfwein, der aus mehrere Monate auf Stroh- oder Schilfmatten eingetrockneten, rosinierten Trauben gewonnen wird. In den letzten Jahren haben die Österreicher in mehreren Regionen eine neue Qualitätskategorie geschaffen, unter der besonders gebiets- und sortentypische, in der Regel trockene Weine angeboten werden. Sie tragen die Bezeichnung DAC (siehe Seite 121).

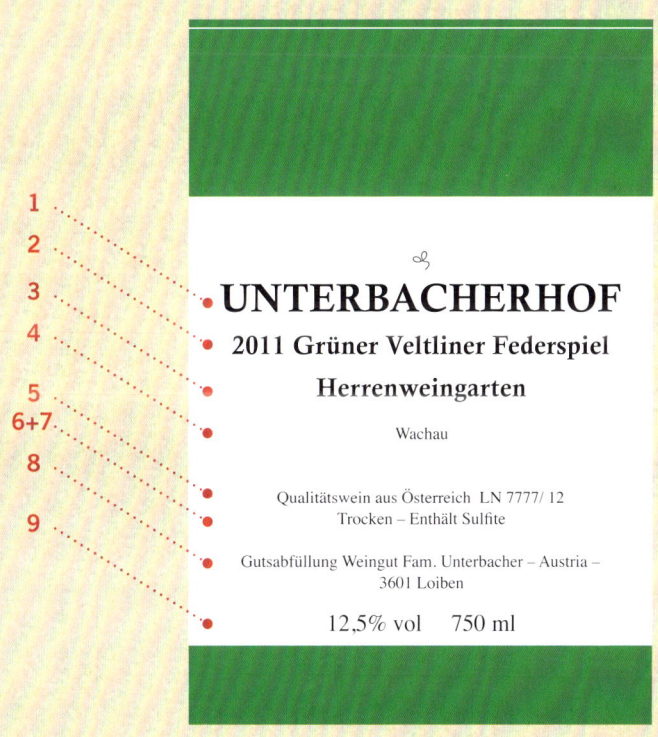

1) Name des Weingutes

2) Jahrgang und Rebsorte. Die Bezeichnung »Federspiel« ist in der Wachau die leichteste Kategorie für trockene Weine.

3) Lage

4) Anbaugebiet

5) Qualitätsstufe und Herkunftsland Die LN (Lotnummer) zeigt an, dass der Wein von einer unabhängigen Kontrollkommission verkostet wurde, die ihn als Qualitätswein freigegeben hat.

6) Angabe zur Geschmacksrichtung

7) Die Angabe »Enthält Sulfite« ist auch für alle Importweine zwingend vorgeschrieben.

8) »Gutsabfüllung«, analog zur deutschen Bezeichnung

9) Inhaltsmenge und Alkoholgehalt

PORTUGAL

Hier heißen die Tafelweine »Vinho de Mesa«, die Landweine »Vinho Regional« und die Qualitätsweine DOC (Denominacao de Origem Controlada). Besonderheit: Die älteste geschützte Ursprungsregion der Welt liegt in Portugal und wurde 1756 eingegrenzt, um den damals schon berühmten und begehrten Portwein vor Fälschungen zu schützen.

USA

In der Neuen Welt hat sich in den letzten Jahrzehnten eine Kultur der Rebsortenweine herausgebildet: Die meisten Weine, die von dort nach Europa gelangen, sind mit nur einer Traubensorte deklariert. Besonders die kraftvolle Zinfandel, aber auch die Cabernet sind die Zugpferde in der US-amerikanischen Weinkultur.

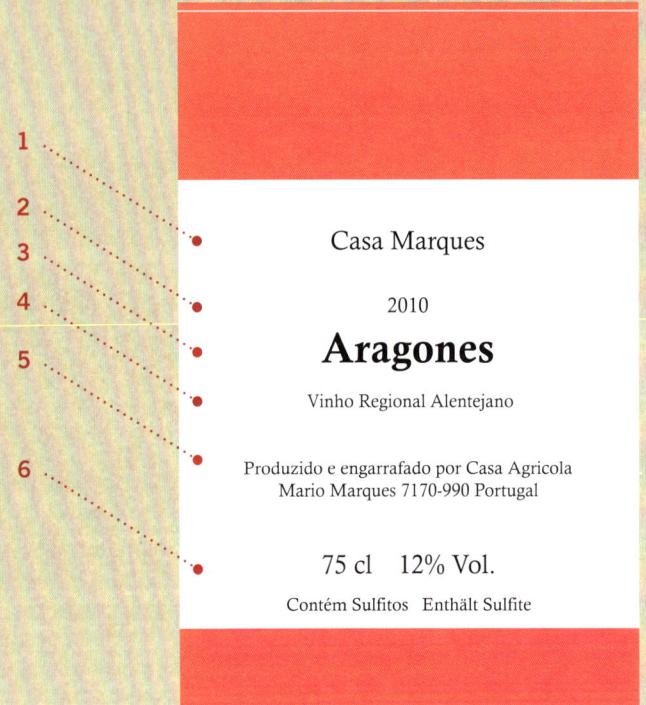

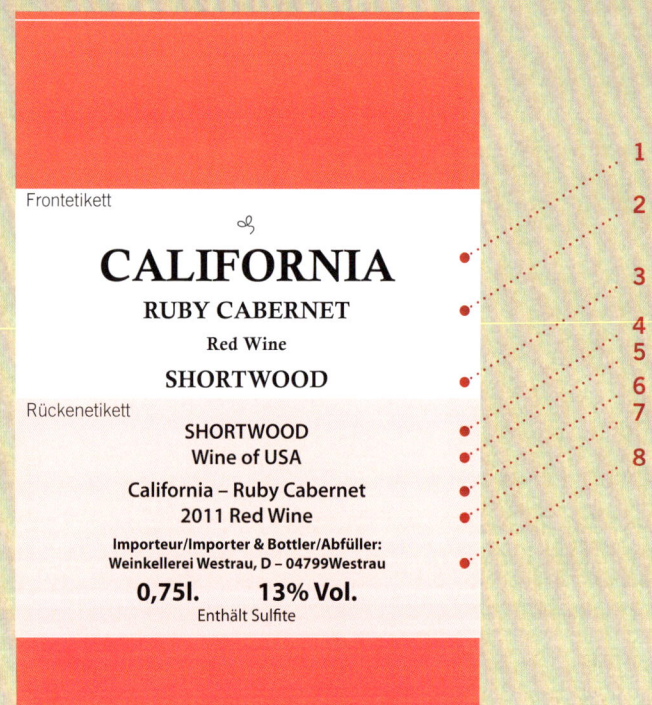

1) Markenname
2) Jahrgang
3) Rebsorte
4) Vinho Regional heißt »Landwein«
5) Es handelt sich um eine Erzeugerabfüllung, wie die Formulierung »Produzido e engarrafado por …« (»Produziert und abgefüllt durch …«) zeigt
6) Inhaltsmenge und Alkoholgehalt

Frontetikett
1) Anbaugebiet
2) Rebsorte
3) Markenbezeichnung
Rückenetikett
1) Markenname
2) Herkunftsland
3) Anbaugebiet und Rebsorte
4) Jahrgang und Weintyp
5) Importeurs- und Abfüllerangabe. Dieser Kalifornier hat, wie mittlerweile die meisten seiner Kollegen aus Übersee, die Reise über den großen Teich nicht in Flaschen, sondern in einem großen Weinschlauch in einem Container angetreten. Abgefüllt wurde er dann in Deutschland, wie das Rückenetikett zeigt.

ARGENTINIEN UND CHILE

Einige der ursprünglich aus Frankreich stammenden Edelreben werden Überseeländern angebaut. Es sind die »Top Five« Sauvignon blanc, Chardonnay, Merlot, Cabernet Sauvignon und Shiraz (Syrah). Fast jedes Überseeweinland hat sich mittlerweile eine oder mehrere meist rote »Nationalreben« zugelegt: In Argentinien ist das die würzige Malbec, in Chile die elegante Carmenère und kräftige Cabernet Sauvignon. Eine Marktbesonderheit ist die Euroabfüllung, die bei Weinen aus Südamerika oft zum Tragen kommt. Hier werden zumeist in Schläuchen transportiert, zu den kostengünstigeren Abfüllanlagen nach Deutschland und England verschifft, um dort ihren Weg in die Flasche zu finden. Zumeist wird die Abfüllung auch auf dem Etikett ausgewiesen.

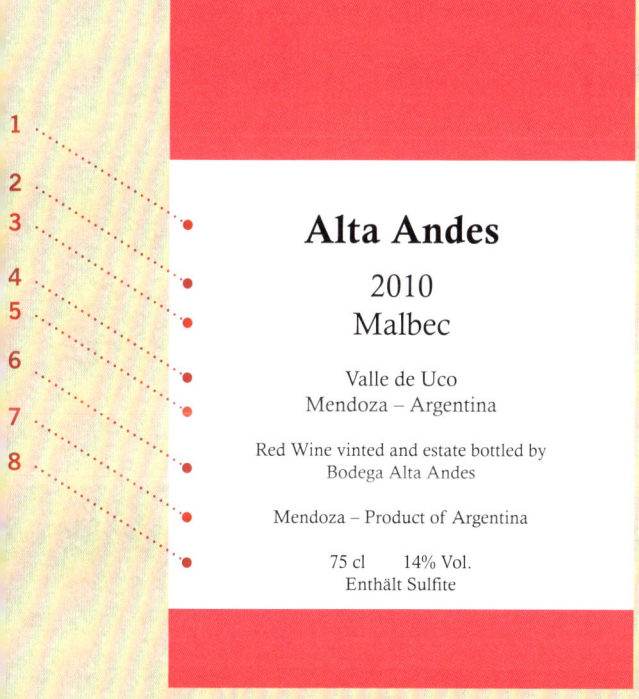

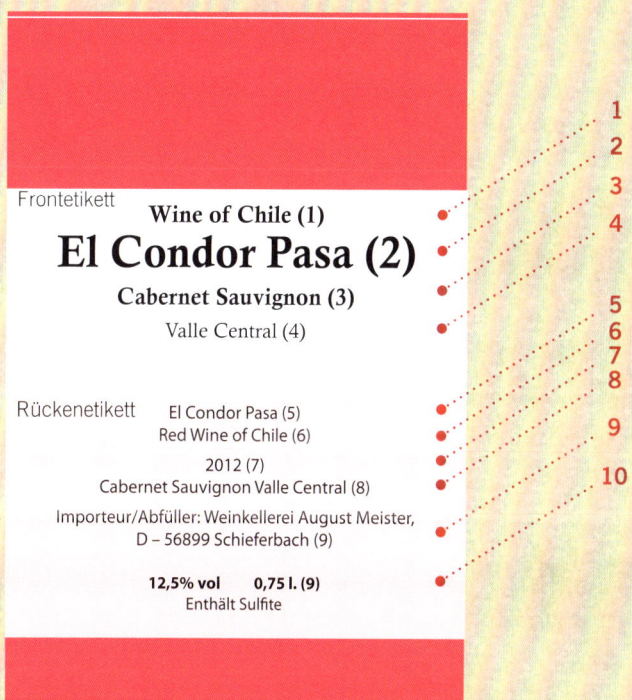

1) Name des Weingutes

2) Jahrgang

3) Rebsorte

4) Eingegrenzte Herkunftszone innerhalb des Anbaugebietes

5) Anbaugebiet und Herkunftsland

6) Unser roter Argentinier ist eine Originalabfüllung. Das erkennen Sie an der Aussage »Red Wine vinted and estate bottled by Bodega Alta Andes«, also »Rotwein, geerntet und abgefüllt im Weingut Alta Andes«

7) Anbaugebiet und Herkunftsland

8) Inhaltsmenge und Alkoholgehalt

Frontetikett

1) Herkunftsland

2) Markenname

3) Rebsorte

4) Anbaugebiet

Rückenetikett

5) Markennamen

6) Herkunftsland

7) Jahrgang

8) Rebsorte und Anbaugebiet

9) Auch der chilenische Cabernet musste weit reisen, um in die Flasche zu gelangen. Es handelt sich auch hier, wie bei den meisten chilenischen Weinen, um eine sogenannte »Eurofüllung«.

10) Inhaltsmenge und Alkoholgehalt

VERSCHLUSSSACHE: WAS BEKOMMT DEM WEIN AM BESTEN?

Für das Verschließen von Weinflaschen gibt es mehrere Möglichkeiten mit verschiedenen Vor- und Nachteilen. Hier ein paar Tipps, wie Sie beim Öffnen Ihrer nächsten Flaschen gute und weniger gute Verschlüsse erkennen können.

NATURKORKEN

Er ist seit alters her der traditionelle Weinverschluss. Naturkorken dichten gut ab und sorgen dafür, dass der Wein nur langsam und allmählich altert. Für große und komplexe Rotweine kann das ganz gut sein, das Gros der Weine kommt jedoch bereits trinkfertig in die Flasche. Die große Achillesferse des Naturkorks ist 2,4,6-Trichloranisol, kurz: TCA. Diese überaus unliebenswürdige Substanz findet sich häufig in unterschiedlicher Konzentration in Naturkorken und ist für die mehr oder minder ausgeprägten »Korkschmecker« im Wein verantwortlich. Richtig heftige Korkschmecker erkennen Sie an einem dumpfen, muffigen, moderigen Geruch und Geschmack. Gemein sind die »verdeckten Korkschmecker«. Hier ist der TCA-Befall des Weines so niedrig, dass ein an sich vielleicht brillanter Wein »irgendwie nicht so richtig gut«, also diffus matt schmeckt. Besonders schwer zu erkennen sind verdeckte Korkschmecker bei Rotweinen, weil sie dort hinter den Tanninen lauern und sich besser tarnen können als bei frischen, leichten Weißweinen.

Auch nach den teilweise verbesserten Produktionsverfahren für Naturkork in den letzten Jahren liegt der Prozentsatz der mit Kork verschlossenen und geschmacklich zumindest ansatzweise leicht beeinträchtigten Flaschen vorsichtig geschätzt bei 8 bis 10 %. Für den Kork sprechen die Tradition, die Ästhetik und das vertraute »Plopp« beim Öffnen.

PRESSKORKEN UND ZWEISCHEIBENKORKEN

Ein Presskorken ist gegenüber dem Naturkorken das, was die Spanplatte im Vergleich zum Massivholz ist: von Leim zusammengehaltenes Korkgranulat. Billige Presskorken sind fast eine Garantie für eine Beeinträchtigung des Weingeschmacks, da aus dem Leim Lösungsmittelausdünstungen in den Wein gelangen können. Eine Art »de luxe-Variante« des Presskorks ist der Zweischeibenkork: Hier befindet sich oben und unten an den Presskork geklebt je eine dünne Scheibe Naturkork. Auch beim Zweischeibenkork ist die Wahrscheinlichkeit, dass der Wein alsbald einen Fehlton erleidet, sehr hoch. Eine Ausnahme unter den Presskorken ist der Diam-Kork, bei dem Korkmehl einer Behandlung mit superkritischem (Zustand zwischen gasförmig und flüssig) Kohlendioxid unterzogen wird, welche das TCA verlässlich herausspült. Anschließend wird es mit lebensmittelechtem, lösungsmittelfreiem Polyurethan zu einer Masse verbacken, aus der dann die Korken geformt werden. Das klingt zwar nicht

Der Klassiker: Naturkorken

Qualitativ fragwürdig: Der Presskorken

Nichts für die Ewigkeit: Kunststoffkorken

sehr romantisch, verhindert aber recht zuverlässig Korkschmecker und sieht, für die »Plopp«- und andere Romantiker wichtig, auch noch wie ein Naturkork aus.

KUNSTSTOFFKORKEN

Als Alternative zum Naturkork wurden lange Jahre Kunststoffkorken favorisiert. Dieser Hype ist etwas abgeflaut. Hauptgrund: Mit Kunststoffkork verschlossene Weine sind oft wandelnde Zeitbomben, da sie härter sind und deshalb die Abdichtung gegen Sauerstoffeinfluss nicht so gut funktioniert wie beim Naturkork. Die Weine altern also in der Regel schneller in der Flasche.

SCHRAUBVERSCHLUSS

Der Schraubverschluss ist zuverlässig, bei sachgemäßer Lagerung sicher, unkompliziert und hält

Weine lange in der Flasche frisch. Allerdings gibt es Qualitätsunterschiede: Um den Schraubverschluss auslaufsicher auf die Flasche zu bringen, braucht er ein innen liegendes kleines Kunststoffpolster. Bei billigen Schraubverschlüssen kommt dieses direkt mit dem Wein in Kontakt, was leichte geschmackliche Beeinträchtigungen auslösen kann. Die besten Schraubverschlüsse haben innen auf dem Kunststoff eine hauchdünne Beschichtung mit lebensmittelechtem Zinn, was für den Wein besser ist, da er so nicht mit dem Kunststoff in Berührung kommt. Sie erkennen diese Schraubverschlussdeckel daran, dass sie innen silbrig schimmern. Der größte Nachteil des Schraubverschlusses ist sein vor allem bei älteren Weinfreunden mäßiges Image, da er früher nur für Billigweine verwandt wurde. Gerade für günstige Supermarktweine ist das Vordringen

Zuverlässig: Schraubverschluss

Eleganter Charmeur: Glaskorken

Praktisch: Kronkorken

des – relativ preiswerten – Schraubverschlusses aber ohnehin ein Segen, weil er hier häufig die miesen Presskorken ersetzt und den Verbrauchern seitdem viel muffigen Wein erspart. Ich favorisiere ihn jedoch auch bei hochwertigen Qualitätsweinen, und zwar weiß, rosé wie rot. Auch für Perlweine à la Prosecco, bei denen zum Erhalt der Kohlensäure häufig extrem schwer zu öffnende, weil besonders gasdichte Korken in die Flasche gewürgt werden (davon können Sie bestimmt auch ein Lied singen) sind Schraubverschlüsse ein rechter Segen – fragen Sie mal den Kellner in Ihrem Stammlokal. Weiterer Vorteil: extrem gute Wiederverschließbarkeit.

GLASKORKEN

Der Charmeur unter den Weinverschlüssen sieht einfach wunderbar aus: Ein ästhetischer

Glasstöpsel mit einem nur minimal kleinen innen liegenden Kunststoffring, um Auslaufen zu verhindern; er hat etwas von der Anmutung einer edlen, schlanken Karaffe. Die Verschlusseigenschaften des Glasstöpsels werden zwar noch nicht so lange erforscht, doch sie sind ähnlich positiv wie beim Schraubverschluss. Der Glaskorken stellt beim Abfüllen jedoch hohe Anforderungen an die Sorgfalt des Winzers und ist wesentlich teurer. Viele Winzer verwenden Schraubverschlüsse für ihre Alltags- und Glasstöpsel für ihre Prestigeweine.

KRONKORKEN

Ihre Eigenschaften sind mit denen von Glaskorken und Schraubverschluss vergleichbar. Sie werden heutzutage gerne für trendige Seccos eingesetzt.

KAPITEL 5

DIE WICHTIGSTEN WEINBAULÄNDER

– UND IHRE BEDEUTENDSTEN ANBAUGEBIETE

DEUTSCHLAND

Deutschland ist ein dynamisches und vielseitiges Weinbauland: Dynamisch, weil immer mehr junge Winzerinnen und Winzer das große Potenzial ihrer heimatlichen Lagen erkennen und von Jahr zu Jahr mehr Betriebe gute und sehr gute Weine erzeugen. Vielseitig, weil zwischen Saale und Bodensee verschiedene Bodentypen und Klima-Zonen unterschiedliche Weine hervorbringen.

Im späten 19. und frühen 20. Jahrhundert waren die besten deutschen Rieslinge die höchst bezahlten Weine der Welt. Heute wird Deutschland – leider – international noch häufig mit billiger, lieblicher »Liebfraumilch« assoziiert, einem anonymen weißen Massenwein. Trotz eines Spitzenqualitäten nicht gerade begünstigenden Weingesetzes gibt es aber zunehmend deutsche Winzer, denen es gelingt, ihre Weine wieder in

den besten Weinhandlungen und Restaurants der Welt zu platzieren. Die tragende Rolle spielt dabei nach wie vor die deutsche Leitrebsorte Riesling. Deutschland ist in erster Linie ein Weißweinland, wenngleich der Rotweinanbau in den letzten Jahrzehnten kontinuierlich an Bedeutung gewonnen hat. Roter Shooting-Star der letzten Jahre ist die Dornfeldertraube, die leicht zu verstehende, tiefdunkle und säurearme Konsumweine hervorbringt. Der Primus unter den deutschen Rotweinreben bleibt jedoch der Spätburgunder alias Pinot Noir, bei dem das Qualitätsspektrum von netten Rosés oder Blanc de Noirs und leichten Zechweinen bis hin zu – einigen wenigen – gehaltvollen, ungemein vielschichtigen Gewächsen geht. Bei den Weißweinen rangiert hinter der unangefochtenen Nummer eins, dem Riesling, der frühere Tabellenführer Müller-Thurgau alias Rivaner, der

Deutsche Weinbaugebiete
Weinbau gibt es in Deutschland, den Römern sei Dank, schon ziemlich lange: Bereits kurz vor Christi Geburt wuchsen hier Reben. In Deutschland gibt es 13 Weinbaugebiete, in denen Qualitätswein erzeugt werden darf.

HERRSCHAFTSWISSEN ZUM ANGEBEN

Die Weinbauzonen

Die Weinbaugebiete der Europäischen Union sind nach klimatischen Kriterien in drei Weinbauzonen aufgeteilt: A, B und C. Die kühlste Zone ist A, die wärmste C. Der Sinn der Übung ist, die Weingesetze so zu differenzieren, dass die Defizite in den unterschiedlichen Zonen ausgeglichen werden können – ein Wein aus Sizilien hat andere Probleme als einer von der Saale. In der Zone A reifen beispielsweise die Weine oft nicht so aus, dass sie einen genügend hohen natürlichen Zuckergehalt haben, um nachher lecker zu schmecken. Daher ist hier für normale Qualitätsweine, nicht für Prädikatsweine, eine Anreicherung zulässig, bei der dem Most vor der Vergärung Zucker zugegeben wird, um hinterher den Alkoholgehalt zu erhöhen. Außerdem darf hier ein Wein entsäuert werden, wenn er zu sauer schmeckt. In der warmen Zone C im Süden Europas ist zu wenig Alkohol oder zu viel Säure meist nicht das Problem – im Gegenteil: Manchmal haben die Weine zu wenig Säure. Hier kann dann, nicht immer, aber mit zunehmendem Klimawandel immer öfter, eine Säuerung genehmigt werden. Zur Anbauzone A gehören Luxemburg, alle Anbaugebiete Deutschlands außer Baden sowie die – mengenmäßig unbedeutenden – Weinbaugebiete in Belgien, den Niederlanden, Skandinavien und Großbritannien. Zur Anbauzone B zählen Baden, Österreich und die französischen Weinbaugebiete Champagne, Elsass, Lothringen, Jura, Savoyen und Loire. Alle anderen EU-weiten Anbaugebiete sind in der Anbauzone C zusammengefasst.

Eines der nördlichsten Anbaugebiete Deutschlands, das Ahrtal, liegt geschützt in einem tiefen Taleinschnitt. Dort wird die milde Luft, die von der Kölner Bucht hinaufzieht, gesammelt und zieht die Steilhänge langsam hoch. Durch die Reflexion der Sonnenstrahlung des Flusses an die Weinberge und die Wärmespeicherung im felsigen Untergrund können an den steilen Südhängen lebendige Rotweine heranreifen.

Deutsche Weinbaugebiete weisen sich zumeist durch Hanglagen aus – mit unterschiedlichen Steilheitsgraden.

zunehmend an Bedeutung einbüßt. Die großen Gewinner der letzten Jahre sind die klassischen Burgunderreben Weißburgunder und Grauburgunder, aus denen mittlerweile in Deutschland viele hervorragende, meist trockene Weine gekeltert werden.

AHR

Das kleine, feine, ziemlich nördlich gelegene Anbaugebiet, das unweit von Bonn beginnt, war nicht immer so fein wie heute: In den sechziger Jahren des letzten Jahrhunderts, als die seinerzeit berüchtigten Tanzwagen der Deutschen Bundesbahn Tausende durstiger rheinischer Frohnaturen in die Weinschänken an der Ahr karrten, hieß es »Wer an der Ahr war und weiß, dass er an der Ahr war – der war nicht an der Ahr«. Das hat sich längst geändert: Heute liefert die Ahr als fast reines Rotweingebiet (rund 85 % rote Reben) vor allem aus ihren Steillagen mit Schieferverwitterungsböden bedeutende, in der Spitze ungemein finessenreiche Spätburgunder zu Preisen, die quantitätsorientierte frohe Zecher unfroh stimmen. Klasse gedeiht hier auch die rare Frühburgundertraube.

BADEN

Das südlichste Anbaugebiet Deutschlands liegt als einziges in der Weinbauzone B der Europäischen Union. Das bedeutet: Die Anforderungen an die Mindestmostgewichte für die einzelnen

Prädikate sind hier höher als in der übrigen Republik. Vom badischen Bereich Tauberfranken bis zum Bodensee reicht der Reigen der Rebhänge. Baden ist Burgunderland: Das große Renommee, das Spät-, Grau- und Weißburgunder heute in Deutschland genießen, wurde ganz wesentlich durch badische Weine begründet.

Tauberfranken ist der nördlichste Teil von Baden und grenzt (Überraschung!) ans bayerische Franken – deshalb dürfen die Weine hier auch in Bocksbeutel abgefüllt werden. Auf steinigen, meist kalkreichen Böden wachsen vorwiegend Müller-Thurgau und Schwarzriesling alias Pinot Meunier. An der Badischen Bergstraße zwischen Weinheim, Heidelberg und Wiesloch gedeihen Riesling und Spätburgunder. Im Kraichgau wird neben Weißburgunder, Riesling und Spätburgunder als regionale Spezialität der Auxerrois gepflegt. Die Ortenau, die sich von Baden-Baden bis Offenburg erstreckt, ist Deutschlands südlichste Rieslingregion. Die Granitverwitterungsböden verleihen dem hier auch Klingelberger genannten Wein einen besonders lebendigen, nuancenreichen Charakter. Im Breisgau zwischen Lahr und Freiburg fühlen sich auf den schweren Lösslehmböden vor allem die Burgunderreben wohl. Burgunderweine dominieren auch den berühmten Kaiserstuhl, wo die Reben auf Vulkanverwitterungsböden heranreifen und kraftvolle, stoffige Weine ergeben. Daneben gedeihen hier aber auch Muskateller, Silvaner und Gewürztraminer.

DEUTSCHLAND

Hamburg

Bremen

Berlin

Münster

SAALE-UNSTRUT

Dortmund

Kassel

Leipzig

SACHSEN

Dresden

Bonn

MITTELRHEIN

HESSISCHE BERGSTRASSE

RHEINGAU

FRANKEN

AHR

Frankfurt

MOSEL

Nürnberg

NAHE

RHEINHESSEN

BADEN

PFALZ

WÜRTTEMBERG

München

BADEN

Freiburg

Konstanz

Riesling

Müller-Thurgau

Silvaner

Weißburgunder

Kühler, schlanker etwas mineralischer und gleichsam »burgundischer« zeigen sich die Weine vom Tuniberg unweit Freiburgs, die stark vom Kalkstein geprägt sind. Das Markgräflerland, das sich von Freiburg bis zur Schweizer Grenze bei Basel erstreckt, ist die Heimat des leichten, frischen weißen Gutedel. In der benachbarten Schweiz ist der Gutedel sogar die weiße Hauptrebsorte: Er heißt dort meist Fendant oder Chasselas. Eine besondere Spezialität am Bodensee ist der anderswo bisweilen nur partiell geschätzte Müller-Thurgau, der hier auf eiszeitlichen Verwitterungsböden zarte, filigrane und feinfruchtige Weine von ausgezeichneter Qualität erbringt.

FRANKEN

Das mit rund 6000 Hektar mittelgroße Anbaugebiet Franken gilt als Silvanerland und ist für ausgesprochen trockene, markante meist im Bocksbeutel angebotene Weine berühmt. Die am häufigsten angebaute Rebsorte ist jedoch der Müller-Thurgau, der, genau wie die in Franken drittplatzierte Rebsorte Bacchus, hier teilweise recht ansprechende und fruchtige Weine ergibt. Aus dem Steigerwald um Iphofen und Castell gedeihen kraftvolle, vom Gipskeuper geprägte Weine. Die Buntsandsteinböden um Bürgstadt sind ideal für den Anbau von Rotwein; so finden sich hier einige herausragende Spät- und Frühburgunder. Die meistangebaute Rotweinrebe Frankens ist allerdings eine Neuzüchtung mit dem etwas irritierenden Namen Domina. Das Herzstück des fränkischen Weinbaus ist das Maindreieck rund um Würzburg mit seinen Muschelkalkböden. Hier hat der Silvaner sein Reich und ergibt erdige, herausragende und spannende Weine von internationalem Format.

Chardonnay

Grauburgunder

Spätburgunder

Dornfelder

HESSISCHE BERGSTRASSE

Die Hessische Bergstraße, zwischen Darmstadt und Heppenheim gelegen, ist das kleinste deutsche Weinbaugebiet. Angebaut wird auf fruchtbaren Lössböden überwiegend Riesling, das Gros des Weines wird von Einheimischen und den zahlreichen Touristen »vor Ort« genossen – Weine dieser Region werden Ihnen also anderswo selten über den Weg laufen.

MITTELRHEIN

Dieses Weinanbaugebiet reicht unweit von Lorch und Bingen im Süden bis kurz vor Königswinter und Bonn. Der Weinbau wird meist in zersplitterten, sehr arbeitsaufwendigen Steillagen betrieben, was sich nicht mehr allzu viele Leute antun wollen. So sind einige der steilen Tonschiefer-Terrassenlagen in den letzten Jahren brach gefallen, das

heißt, sie verwildern. Das ist jammerschade: Vom Mittelrhein stammen einige der spannendsten und individuellsten Rieslinge Deutschlands mit brillanter Mineralität. Zudem werden diese Weine, gerade in Relation zum enormen Arbeitsaufwand, der für ihre Erzeugung notwendig ist, zum Teil noch erstaunlich preisgünstig angeboten.

MOSEL

Das römische Erbe beschert dem fünftgrößten deutschen Anbaugebiet eine der ältesten Weinbautraditionen des Landes. Der Riesling stellt hier rund 60 % der Rebfläche. Berühmt ist die Mosel durch ihre landschaftlich faszinierenden Schiefer-Steilhänge direkt am Fluss, auf denen zum Teil einige der größten Weißweine der Welt wachsen. Der Boom deutscher Spitzenweine Ende des 19. Jahrhunderts wurde auch vornehmlich

Exponierte Steilhanglagen, wie hier an der Mosel, können zumeist nur von Hand bearbeitet werden. Nicht unbedingt zum Nachteil der Weine.

von Moselrieslingen getragen. Der Moselweinbau hat jedoch auch noch eine »Schattenseite«: In der Zeit als viel, billig und süß gefragt war, wurden auch die Flachlagen in den Moselschleifen und die schattigen Seitentäler von Hunsrück und Eifel mit frühreifen »Neuzüchtungen« à la Bacchus, Ortega und Optima oder mit Müller-Thurgau bepflanzt. Hier wachsen meist dünne Weinchen, die, mit Süßreserve aufgebrezelt, zum Billig-Standardrepertoire des Lebensmittelhandels und der Discounter zählen. Lassen Sie sich davon nicht schrecken: Die guten Rieslinge der Mosel sind es allemal wert, sich intensiv mit ihnen zu befassen. Rund die Hälfte der Weinberge befinden sich in Steil- und Terrassenlagen mit über 30 % Hangneigung. Eine Besonderheit der Mosel: Rund 60 % der Weine sind lieblich oder süß, nur rund 40 % trocken oder halbtrocken. Auch ein Großteil der Rieslinge ist fruchtig-lieblich. Diese haben, bedingt durch den Ausbau auf Schieferböden, ausgesprochen mineralische Noten und meist auch eine ausgeprägte Säure. Beides verträgt sich sehr gut mit einer zarten natürlichen Restsüße. Die besten Weine haben ein explosives Süße-Säure-Spiel im Gaumen, das sich in dieser Form so weltweit nirgends findet. Eine Spezialität der Mosel sind leichte, halbtrockene bis liebliche Kabinettrieslinge: Die besten bieten mit nur 7–8 % Alkohol eine tolle Geschmacksfülle – auch das ist weltweit ziemlich einzigartig. Die Schieferböden eignen sich aber auch hervorragend für Spätbur-

gunder, der immer mehr an Bedeutung gewinnt. Im nördlichsten Teil, der Terrassenmosel, sind die Weinhänge enorm steil und schwierig zu bewirtschaften. Auch der steilste Weinberg Europas, der Bremmer Calmont, findet sich hier. Die Rieslinge von den Quarzit- und Tonschieferböden sind häufig von hoher Qualität.

Kernstück des Anbaugebietes ist die Mittelmosel – hier befinden sich mit die berühmtesten Weinbergslagen. Fast alle Weine, die einst den Ruhm der Mosel ausmachten, stammen von dort. Basis für die Qualität sind die Steilhänge aus Devonschiefer, die auch an Saar und Ruwer dominieren. Die Saar, wichtigster Nebenfluss der Mosel, punktet vor allem in warmen Jahrgängen: Da das Klima etwas kühler ist als an der Mittelmosel, wachsen dann hier die rassigsten Rieslinge. Meist filigran und zart kommen die Rieslinge von der Ruwer daher.

Südlich von Trier beginnt die Obermosel, die sich vom Rest des Anbaugebietes vollständig unterscheidet: Der Schiefer ist hier passé, stattdessen dominieren Muschelkalkböden. Darauf gedeiht meist Elbling, aber auch Auxerrois, Chardonnay, Grau- und Weißburgunder finden hier beste Voraussetzungen.

NAHE

Das weitgehend unterschätzte Weinbaugebiet Nahe ist eine verborgene Schatzkammer des deutschen Weines. Obwohl relativ klein, verfügt es über eine große Vielfalt mit gut 180 verschiedenen Bodenvarianten. An der Nahe finden sich Weine mit fast moselanischer Filigranität ebenso wie erdig-würzige Typen, wie man sie aus der Pfalz kennt, oder saftige Tropfen wie aus dem Rheingau. Die besten Naheweine vollziehen einen Brückenschlag zwischen all diesen Stilistiken. Beachtlich ist die immense Leistungsdichte unter den Spitzenwinzern und das hohe Niveau, das sie insbesondere beim Riesling erklommen haben: So ging der vielleicht aussagekräftigste Gradmesser für Rieslingqualität in Deutschland, der renommierte Riesling-Cup der Zeitschrift »Der Feinschmecker«, in der wichtigsten Kategorie »Trockene Weine« in den Jahren 2008, 2009, 2010 und 2011 an Weingüter von der Nahe. Führende weiße Rebsorte ist der Riesling vor Müller-Thurgau, Silvaner, Weißburgunder und Grauburgunder, bei den Roten hat Dornfelder die Nase vorn vor dem Spätburgunder.

PFALZ

Mit rund 23.000 Hektar Rebfläche ist dies das zweitgrößte deutsche Weinbaugebiet nach Rheinhessen. In den letzten 25 Jahren hat die Pfalz qualitäts- und imagemäßig eine großartige Performance hingelegt: Galt die Region früher vorwiegend als Lieferant süffiger, anspruchsloser Schoppenweine, kommen von hier heute zahlreiche Gewächse, die zu den besten Deutschlands zählen und auch international punkten können.

Verantwortlich dafür sind im Wesentlichen drei Faktoren: Zum einen eine junge, ehrgeizige, blendend ausgebildete Winzergeneration, die teilweise innerhalb weniger Jahre verstaubte elterliche Fassweinbetriebe zu wahren Schmuckstücken umgekrempelt hat. Zum zweiten der in der Pfalz boomende Tourismus, der einen idealen Nährboden für die vielen neuen Spitzenerzeuger abgibt. Drittens der Klimawandel: Früher waren es nur die absoluten Top-Lagen aus den traditionellen Spitzenweinbauorten im Zentrum des Anbaugebietes, der Mittelhaardt, wie Deidesheim, Wachenheim oder Forst, die auch international begehrte Weine lieferten. Heute trumpfen auch Erzeuger von den Rändern des Anbaugebietes auf, wo die Weine früher häufig nicht ausreiften und als billiger Fasswein verschleudert werden mussten. Unbestritten führende Weißweinsorte ist der Riesling, der hier meist würzige, mitunter deftige Weine ergibt. Es folgt der langjährige Tabellenführer Müller-Thurgau. Stark im Kommen sind Weißburgunder und Grauburgunder. Neuerdings boomt auch der Sauvignon blanc. Spezialitäten sind Muskateller und Gewürztraminer vor allem aus der Südpfalz. Quantitativ führende Rotweinsorte ist der Dornfelder vor dem Portugieser und dem Spätburgunder, aus dem hier einige der besten deutschen Rotweine entstehen. Besonderheit: Durch das milde Klima gedeihen auch die Bordeaux-Einwanderer Merlot und Cabernet Sauvignon teilweise ausgezeichnet.

Erfreuen sich mittlerweile großer Beliebtheit: Weinwanderungen durch die unterschiedlichen Regionen.

HERRSCHAFTSWISSEN ZUM ANGEBEN

Neuzüchtungen und Klonenselektion – die kontinuierliche Rebenverbesserung

Durch die nördliche Lage der deutschen Weinbaugebiete war es früher besonders wichtig, schnell reifende und frostsichere Rebsorten zu züchten. In den 1920er-Jahren wurden erstmals moderne Erkenntnisse der Genetik berücksichtigt und Reben auf wissenschaftlicher Basis gekreuzt – die sogenannten Neuzüchtungen. Durch den Klimawandel ist heutzutage der Aspekt der frühen Reife nicht mehr so wichtig, und die meisten der nur darauf ausgelegten Züchtungen, vor allem, wenn sie keine besonders leckeren Weine ergeben, verschwinden allmählich wieder aus den Weinbergen. Eine Ausnahme ist der Dornfelder, die erfolgreichste Neuzüchtung des 20. Jahrhunderts. Die weltweit am meisten verbreitete Neuzüchtung, der Müller-Thurgau, erblickte allerdings bereits 1882 das Licht der Welt. Heute verfolgt die Rebenzüchtung hauptsächlich zwei Ziele: das eine ist die Entwicklung sogenannter »pilzresistenter« Sorten für den immer bedeutender werdenden biologischen Weinbau. Das sind Rebsorten, die nicht so anfällig für schädlichen Pilzbefall der Trauben sind. Daher sind sie wesentlich weniger auf Pflanzenschutzmittel, die im biologischen Weinbau nur sehr eingeschränkt verwendet werden dürfen, angewiesen. Die bekannteste pilzresistente Neuzüchtung ist die rote Regent-Traube. Zweiter wesentlicher Aspekt der heutigen Rebenzüchtung ist die Verbesserung der traditionellen alten Qualitätsreben durch Klonenselektion. Dabei werden Rebstöcke traditioneller Sorten wie Riesling oder Spätburgunder über Jahre daraufhin beobachtet, wie es um ihre Traubenqualität, ihren Ertrag und ihre Gesundheit bestellt ist. Besonders gute und vielversprechende Rebstöcke werden dann weitervermehrt, die Klone daraus den Winzern zur Verfügung gestellt. Diese kontinuierliche Arbeit hat zu einem enormen Qualitätsanstieg geführt und den Boden für die aktuelle Renaissance der klassischen Rebsorten bereitet.

RHEINGAU

Der Rheingau ist mit 3100 Hektar ein eher kleines Weinbaugebiet und nahezu absolutes Rieslingland: Die Rebe hat hier einen Marktanteil von fast 80 %. Zu Beginn des 20. Jahrhunderts waren die Rheingauer Rieslinge neben denen der Mosel die weltweit renommiertesten. Im Gegensatz zur Mosel sind es hier trockene und halbtrockene Weine, die sich im Idealfall saftig, knackig und animierend präsentieren. Das Anbaugebiet beginnt bei Hochheim am Main und erstreckt sich dann am Rhein entlang bis nach Lorch. In Assmannshausen gedeihen erstklassige Spätburgunder. Ein Geheimtipp ist das von den Rüdesheimer Touristenströmen weitgehend abgeschnittene Lorch: Die Lorcher Weine, vorwiegend Riesling, aber auch immer mehr Spätburgunder, wachsen in Steillagen auf schiefer- und quarzithaltigen Böden, zählen zu den spannendsten Gewächsen des Rheingaus und gehören vom Charakter her eigentlich zum benachbarten Mittelrhein.

RHEINHESSEN

Später als in der Pfalz, aber um so dynamischer, machte sich auch in Rheinhessen eine junge Winzergeneration auf, um das Anbaugebiet zu neuen Ufern zu führen. Früher stand Rheinhessen als Synonym für liebliche, belanglose Supermarktweine. Die gibt es zwar immer noch häufig: schließlich ist Rheinhessen das größte deutsche Anbaugebiet mit über 26.000 Hektar Rebflä-

che, und irgendwo müssen die durchschnittlich 250 Millionen Liter Wein pro Jahr ja hin. Die beiden meist angebauten weißen Rebsorten sind Müller-Thurgau und Riesling, danach rangiert der Silvaner, der in Rheinhessen mit besonderer Liebe gepflegt wird. Eine große Rolle spielen auch aromatische Rebsorten wie Kerner, Bacchus und Scheurebe – aber auch hier sind Grau- und Weißburgunder auf dem Vormarsch. Meistangebaute Rotweinrebe ist der Dornfelder vor dem Portugieser, der neben leichten Zechweinen in alten Rebanlagen beachtliche Qualitäten hervorbringen kann. Gut gedeihen überdies Spätburgunder, Regent, Merlot und Cabernet Sauvignon.

SAALE-UNSTRUT

Das nördlichste Weinbaugebiet Deutschlands umfasst Weinberge an der Saale und ihres Nebenflusses Unstrut. Zentrum ist Freyburg. Auf den kargen Muschelkalk- und Buntsandsteinböden gedeihen auf Grund der nördlichen Lage vor allem früh reifende Rebsorten wie Müller-Thurgau, Silvaner oder Weißburgunder. Die leichten, säurebetonten Weine werden vorwiegend vor Ort konsumiert.

SACHSEN

Sachsen ist mit rund 500 ha. Rebfläche das zweitkleinste und östlichste Weinbaugebiet. Auf steinigen Gneis- und Granitböden wachsen schlanke, mineralische, in der Spitze ausgesprochen ansprechende Weine. Auf Grund der geringen Mengen

Farbspiele im beginnenden Herbst.

Talentschuppen Rheinhessen

In Rheinhessen sprießen junge aufstrebende Winzerinnen und Winzer wie Pilze aus dem Boden. Rheinhessen ist der große Talentschuppen des deutschen Weinbaus, und viele der Lagenpotenziale werden gerade erst erkundet. Daher ist diese Region ein tolles Pflaster für spannende Weinentdeckungen.

und des ausgeprägten Lokalpatriotismus erzielen die sächsische Winzer vor der Haustür sehr gute Preise. Die meisten Weinberge befinden sich im Elbtal rund um Dresden, die bekanntesten Weinbauorte sind Meißen und Radebeul. Eine regionale Spezialität ist der Goldriesling.

WÜRTTEMBERG

2000 Jahre Geschichte und 11.500 Hektar Fläche, das bietet Württemberg, wo traditionell mehr Rot- als Weißwein erzeugt wird. Traditionell werden viele leichte, milde, halbtrockene Weine, großenteils in Literflaschen, produziert. Allerdings hat sich in den letzten Jahren viel getan: ehrgeizige Winzer und Genossenschaften treiben den Qualitätsgedanken voran. Meistangebaute Rebsorte ist immer noch der Trollinger, der hellrote leichte Zechweine erbringt. Ihn gibt es in nennenswertem Umfang sonst nur noch in Südtirol, wo er Vernatsch heißt. Ziemlich spannende, kraftvolle Rote werden aus der Rebsorte Lemberger erzeugt, in Österreich als Blaufränkisch hoch geachtet wird. Ebenfalls sehr verbreitet ist der Schwarzriesling aus der Burgunderfamilie, der leichtere, aromatische Rotweine liefert. Die spannendsten Rotweine stammen auch hier vom Spätburgunder. Bei den Weißweinen ist der Riesling die unangefochtene Nummer eins vor Kerner und Müller-Thurgau. In den letzten Jahren machen die besten württembergischen Winzer überdies mit exzellenten Sauvignon blanc Furore.

FRANKREICH

Frankreich ist das Mutterland der Weinkultur, wie wir sie heute kennen. Alle international bedeutenden Edelreben, mit Ausnahme des Rieslings, haben ihre Weltkarriere von Frankreich aus gestartet. Sauvignon blanc, Chardonnay, Merlot, Cabernet Sauvignon, Syrah/Shiraz und Pinot Noir sind zwar international in aller Munde – aber von französischen Winzern wurden sie über Jahrhunderte zu ihrer heutigen Qualität entwickelt. Grundlage der französischen Weinphilosophie ist der Terroirgedanke, wonach der Wein ein Botschafter seines Bodens und seines Klimas sein sollte. Während in den nördlichen Anbaugebieten des Landes, ähnlich wie in Deutschland oder Österreich, vorwiegend Weine aus einer Rebsorte favorisiert werden, schwört man im Süden auf kunstvoll komponierte Cuvées aus mehreren Rebsorten.

Nachdem Frankreich über viele Jahre als eher altmodisches, stagnierendes Weinland wahrgenommen wurde, geht es in den letzten Jahren kräftig nach vorne. Dabei gibt es jedoch gewaltige Verschiebungen: Dachte man früher bei Frankreich ausschließlich an die alteingesessenen Nobel-Herkünfte Bordeaux/Burgund/Champagne so sind es heute hauptsächlich die Regionen des Südens, die mit immer neuen, tollen Winzer- und Weinentdeckungen aufhorchen lassen: das Languedoc-Roussillon, die Rhône und der Südwesten.

Zehn Besonderheiten
Die zehn »Crus de Beaujolais«: Brouilly, Côte de Brouilly, Chenas, Chiroubles, Fleurie, Juliènas, Morgon, Moulin-à-Vent, Regnié, Saint Amour.

Aus Puligny-Montrachet kommen berühmte Burgunder-Weißweine.

BEAUJOLAIS

Neben dem bekannten – und nicht besonders aufregenden – »Beaujolais Primeur«, einem jungen früh trinkfertig gemachten Rotwein, der schon im November des Erntejahres auf den Markt kommt, sind hier auch viele herrliche, klassische Weine aus der Gamay-Traube zu finden. Die Einstiegsqualitäten werden als Beaujolais AOP, die etwas gehobeneren Weine als Beaujolais Villages angeboten. Ganz besonders klasse sind die sogenannten »Crus de Beaujolais«, zehn Einzelbezeichnungen, die fast alle nach den Gemeinden benannt sind, in deren Umgebung sie liegen. Das sind oft anregende, fruchtig-sinnliche aber mit viel Substanz gesegnete Gewächse, die gut zur rustikalen Landküche der Region passen. Schmorgerichte, Linsen, Lyoner Wurst, dazu ein guter Cru de Beaujolais: Und der Abend ist gerettet!

BURGUND

Das Burgund ist die Wiege des Ruhmes der Pinot-Noir- und der Chardonnay-Traube. Alle berühmten und teuren Burgunder stammen aus diesen Rebsorten. Im Burgund ist der Terroirgedanke sehr ausgeprägt, da vor allem die Pinot-Noir-Traube die Unterschiede von Boden und Mikroklima im Wein sehr gut transportiert. Väter der burgundischen Weinkultur waren Mönche, die über Generationen die geeignetsten Weinbergslagen ermittelten und schon ab dem 7. Jahrhundert

Weinberge anlegten, die teilweise heute noch zu den besten zählen. Die qualitativ wertvollsten liegen auf kalksteinhaltigen Böden. Für viele Freunde finessenreicher, grazilier und eleganter Gewächse sind die Topweine des Burgund die besten Roten der Welt. Die Einstiegsqualitäten aus dem Burgund heißen Bourgogne rouge oder Bourgogne blanc. Die renommiertesten Weine stammen von der Côte d´Or, übersetzt Goldküste, was eingedenk der Preise für die dortigen Spitzenweine eine absolut passende Bezeichnung ist. Der nördliche Teil davon, die Côte de Nuits, ist fast reines Rotweinland, im südlichen Teil, den Côtes de Beaune, gibt es auch einige herausragende Weißweine. Über den Gebietsweinen rangieren hier die Ortsweine (z. B. Gevrey-Chambertin). Dann folgen aus den guten Einzellagen die Premier Crus, deren Weinbergsname meist an einen Ortsnamen gehängt wird. z. B. Nuits St. Georges 1er Cru Les Prulots. Die Spitze bilden die Grand Crus, z. B. Charlemagne Grand Cru. Zum Burgund zählt auch das Chablis mit sehr feinen, auf Muschelkalk wachsenden Weißweinen aus der Chardonnay-Traube, Die unterste Kategorie ist hier Petit Chablis, dann folgt Chablis, darüber wieder die Premier Crus und Grand Crus, deren Lagenname an das Wort Chablis angehängt wird, zum Beispiel Chablis Premier Cru Vau de Vey oder Chablis Grand Cru Blanchots. Im südlichen Burgund schließen sich die nicht ganz so teuren Gebiete Côte Chalonnaise und Mâcon-

FRANKREICH

CHAMPAGNE

Caen

Paris

ALSACE

VAL DE LOIRE

Auxerre

BOURGOGNE

Dijon

JURA

SAVOIE

Montluçon

La Rochelle

BORDEAUX

Angouleme

VALLÉE
DU RHÔNE

LANGUEDOC-
ROUSSILLON

Rodez

Nice

Montpellier

PROVENCE

Toulon

Perpignan

SUD-OUEST

CORSE

N
W   O
S

nais an, bevor es dann ins Beaujolais übergeht. Eine immer beliebtere Spezialität des Burgund sind nach dem klassischen Flaschengärverfahren produzierte Schaumweine, die als Crémant de Bourgogne angeboten werden.

BORDEAUX

Bordeaux ist das berühmteste Anbaugebiet Frankreichs. Rund 3000 Châteaux, wie die Weingüter hier heißen, erzeugen unter ihrem Namen Wein. Dabei reicht das Spektrum von einfachen und teilweise (entgegen dem Image der Region) ausgesprochen preiswürdigen Weinen bis hin zu High-End-Tropfen, die zu den teuersten der Erde zählen. Die Weinlage spielt in Bordeaux nicht die Rolle wie in anderen Regionen – für die Qualität steht der Name des Châteaus.

Im Bordeaux wird hauptsächlich Rotwein erzeugt, die wichtigsten Rebsorten sind Merlot, Cabernet Sauvignon und Cabernet Franc. Rote Bordeaux-Weine sind meistens Cuvées, bestehen also nicht nur aus einer Rebsorte. Die günstigsten werden als Bordeaux oder Bordeaux Supérieur, mit oder ohne Château-Namen, vermarktet. Weißweine gibt es auch und zwar sowohl trockene als auch edelsüße. Die bekannteste und größte Herkunft für trockene Weißweine heißt Entre deux Mers. Die Weine werden vorwiegend aus Sauvignon blanc gekeltert. Zweite verbreitete Rebsorte ist die Sémillon, die in den angesehenen trockenen Weißen aus Graves und den bekanntesten

Château Pétrus

Château Palmer

Château Pichon Longueville

edelsüßen Tropfen aus Sauternes und Barsac eine gewichtige Rolle spielt.

Die Flüsse Garonne und Dordogne, an denen Bordeaux-Weinberge liegen, fusionieren 15 Kilometer flussabwärts und bilden die Gironde, die in den Atlantik mündet. An ihrem linken Ufer erstreckt sich nördlich von Bordeaux das Gebiet Médoc. In dessen südlichem Teil, dem Haut-Médoc, haben die berühmtesten und prestigereichsten Orte eigene Appellationen, als da wären: Pauillac, Saint-Estèphe, Saint-Julien, Listrac, Moulis-en-Médoc und Margaux. Zusammen mit den links der Garonne gelegenen Weinbergen des Graves werden diese Regionen als »Linkes Ufer« zusammengefasst. Das »Rechte Ufer« bilden die rechts der Dordogne gelegenen Gebiete mit Saint-Emilion als bekanntester Herkunft.

Neben den teuren Nobelecken gibt es noch einige unbekanntere Appellationen, wo Sie relativ günstig echte Entdeckungen machen können: So z. B. in den Côtes de Blaye, den Côtes de Bourg, in Fronsac, den Côtes de Francs, den Côtes de Castillon und den Premières Côtes de Bordeaux.

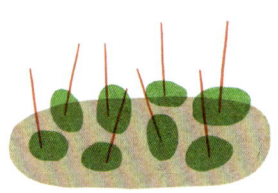

HERRSCHAFTSWISSEN ZUM ANGEBEN

Klassifikation der Bordeaux-Weine

Die verschiedenen Bordeaux-Klassifikationen sind eine höllisch komplizierte Angelegenheit. Aber versuchen wir uns mal durchzuwühlen: Die älteste Rangfolge stammt immerhin von 1855 und wurde im Médoc auf Grundlage der über die vorherigen 100 Jahre erzielten Marktpreise der jeweiligen Châteaux erstellt. Erstaunlich, aber wahr: Diese Klassifikation gilt mit einer Ausnahme, als 1973 Château Mouton-Rothschild von der zweithöchsten in die höchste Kategorie aufrückte, bis heute. Die als Grand Cru Classé eingestuften Weingüter staffeln sich dann noch mal nach Premier Cru Classé, Deuxième Cru Classé, Troisième Cru Classé, Quatrième Cru Classé und Cinquième Cru Classé. Diese Weine, vor allem die obersten Kategorien, sind in der Regel ziemlich teuer. Tolle und halbwegs erschwingliche Entdeckungen können Sie in der darunter angesiedelten Kategorie der »Médoc Cru bourgeois« machen, also der »Bürgerlichen Gewächse«.

Die edelsüßen Weißweine aus Sauternes und Barsac wurden im gleichen Jahr in die Kategorien Premier Cru Supérieur, die ausschließlich Château d´Yquem umfasst, Premier Cru Classé und Deuxième Cru Classé eingeteilt. Für die Weine aus Graves wurde 1953 die Kategorie »Cru Classé« für trockene Weiß- und Rotweine eingeführt – alle so ausgezeichneten Weine stammen aus der Dorfappellation Pessac-Léognan. Damit es nicht allzu übersichtlich und verständlich wird, läuft es in Saint-Emilion noch mal anders: Hier heißen die klassifizierten Güter Saint Emilion Grand Cru. Darüber rangieren die Premier Grand Cru Classés mit der Unterkategorie (A), die aber nur zwei Weingüter umfasst und (B) mit 13 Châteaux. Und dann gibt es noch eine Nobel-Appellation, die sich alle Klassifikationen schenkt: Das Pomerol. Dafür stammen von hier, angeführt von Pétrus, einige der teuersten Weine der Welt. Alles klar? So, und wenn Sie das jetzt alles auswendig lernen, können Sie im Bekanntenkreis richtig Eindruck schinden.

Vorsicht Falle!

»Trockener« Sekt ist nicht trocken. Durch die Kohlensäure schmeckt beim Sekt Süße wesentlich weniger vor als bei Wein. Deshalb besagen Bezeichnungen wie »trocken« und »halbtrocken« bei Sekt auch etwas ganz anderes. Hier finden Sie, welche angegebenen Geschmacksrichtungen Sie kaufen können, wenn Sie einen wirklich trockenen Sekt, Crémant, Cava oder Champagner suchen. Das ist ganz spannend, denn ein Sekt, der die Bezeichnung »trocken« mit 32 g Zucker voll ausreizt, ist natürlich alles andere als trocken.

0–3 g Zucker pro Liter: *brut nature*

0–6 g Zucker pro Liter: *extra brut*

0–12 g Zucker pro Liter: *brut*

12–17 g Zucker pro Liter: *extra trocken, extra dry, extra seco*

17–32 g Zucker pro Liter: *trocken, dry, seco*

32–50 g Zucker pro Liter: *halbtrocken, medum dry, demi-sec, semi seco*

über 50 g Zucker pro Liter: *mild, sweet, doux*

CHAMPAGNE

Oh là là: Mit einem schäumenden Glas Champagner schlagen die Wogen der Lebensfreude hoch! Wohl kein anderes Getränk steht so sinnbildlich für animierenden Genuss im Glas und prickelndes, aber kostspieliges Vergnügen für besondere Stunden. Das haben die Damen und Herren in der Champagne (und insbesondere die Damen – allen voran die Witwe Clicquot hatte erheblichen Anteil daran) in den letzten 200 Jahren marketingmäßig sensationell hingekriegt – aber sie haben auch alle Voraussetzungen dazu.

Auf den Kreideböden der Champagne gedeihen aus den Rebsorten Pinot Noir, Pinot Meunier und Chardonnay Produkte der besonderen Art: Für sich betrachtet sind die ursprünglichen Weine karg, spröde, introvertiert und ziemlich sauer. Von kundigen Kellermeistern kunstvoll zum Schäumen gebracht, werden sie lebendig, lustvoll und manchmal gar explosiv. In diesem nördlichsten Weinbaugebiet Frankreichs sind die Temperaturen recht kühl, und auch nach langer Reifezeit haben die Trauben relativ viel Säure und verhältnismäßig wenig Alkohol. Aber durch die kargen Kreideböden gehen die Wurzeln der Rebstöcke auf der Suche nach Nährstoffen sehr tief in den Untergrund und holen sich enorm viele Mineralien in die Trauben. Das, in Verbindung mit der rassigen Säure, macht Champagner so unverwechselbar. Champagner entsteht aus den Weinen durch eine zweite Gärung, die in der Flasche aufgefangen wird. Im Gegensatz zu anderen Gebieten ist der jahrgangs- und lagentypische Champagner nicht das Maß aller Dinge: Die meisten Champagner sind Markenprodukte und sollen möglichst immer gleich schmecken, was die Kellermeister durch Verschnitte (Cuvées) verschiedener Lagen und Jahrgänge erreichen. Viele Champagner stammen von großen Handelskellereien, die ihre Trauben größtenteils bei den Bauern zukaufen. Es gibt aber auch Winzer – und Genossenschaftschampagner. Auch in der Champagne gibt es normale, Premier Cru- und Grand-Cru-Lagen.

Champagner besteht meist mehrheitlich aus weiß gekelterten roten Reben. Wird er ausschließlich aus Chardonnay erzeugt ist es ein »Blanc de Blancs«. Roséchampagner wird meist mit einem winzigen Rotweinzusatz zum weißen Wein produziert. Es gibt auch Lagen-, Jahrgangs-, Premier- und Grand-Cru-Champagner, sie sind aber in der Minderheit. Winzerchampagner bieten meist einen vergleichsweise guten Gegenwert fürs Geld, weil der Marketingaufwand nicht so hoch ist, wie bei den bekannten Markenchampagnern.

HERRSCHAFTSWISSEN ZUM ANGEBEN

Vom Perlen und Schäumen: Wie prickelnde Produkte entstehen

Generell unterscheidet man zwei Arten von Pricklern: Perlweine und Schaumweine. Perlweine haben zwischen 1 und 2,5 bar Kohlensäuredruck. In Italien heißen Perlweine »Frizzante«, der bekannteste ist der »Prosecco Frizzante« Deswegen nennen sich mittlerweile viele andere Perlweine, auch aus Deutschland, in irgendeiner Form irgendwas mit »Secco« (Heinz Meyer Secco, Riesling Secco, Gau-Hügelheim Secco). Hat ein Prickler über 3 bar Kohlensäure ist es ein Schaumwein – in Deutschland Sekt, in Italien Spumante, in Frankeich Vin mousseux genannt. Hier greift dann der Staat zu und kassiert pro 0,75-Liter-Flasche € 1,02 zuzügl. MwSt. »Schaumweinsteuer« – und das schon recht lange: Eingeführt wurde die Schaumweinsteuer 1902 von Kaiser Wilhelm, um seine Kriegsflotte zu finanzieren. Schaumwein ist Wein, der durch Zugabe einer Hefe-Zucker-Mischung (Tirage) in eine zweite Gärung versetzt wurde. Von dieser fängt man dann die Kohlensäure ein und bannt sie in die Flasche. Dafür gibt es zwei verbreitete Methoden. Die kostengünstigere ist die Tankgärung: Hefe und Zucker kommen in Drucktanks zum Wein dazu, die Gärung beginnt, der Wein wird mit der enthaltenen Kohlensäure filtriert und abgefüllt. Der meiste Sekt wird so produziert.

Bei der »Traditionellen Flaschengärung« ist das aufwendiger: Hier wird dem Wein in der Originalflasche die Tirage zugeführt und die Flasche mit einem Kronkorken verkorkt. Der Wein wird dann über Monate oder Jahre per Hand oder mechanisch gerüttelt, bis die Flasche auf dem Kopf steht und sich die ganze Hefe am Kronkorken abgesetzt hat. Dann kommen die Flaschenhälse in ein mit -20 °C recht ungemütliches Kältebad, die Flasche wird geöffnet und der Kronkork mit der gefrorenen Hefe schießt heraus. Bei beiden Verfahren erhalten die Schaumweine vor dem Verschließen eine Süße-Dosierung: Schaumwein wird meist süßer getrunken als Wein. Diese »Dosage« besteht meist aus in Wein gelöstem Zucker. Wenn auf einem Sekt nichts weiter draufsteht, können Sie davon ausgehen, dass es sich um eine Tankgärung handelt. Ansonsten steht »Klassische Flaschengärung« oder in Italien »Metodo Classico« auf der Flasche. Es gibt auch Schaumweine, für die eine traditionelle Flaschengärung vorgeschrieben ist. Die bekanntesten sind (na klar!), der Champagner, die französischen Crémants und der spanische Cava. Deutscher Sekt muss übrigens gar nicht aus deutschen Weinen bestehen, sondern nur in Deutschland hergestellt worden sein. Wer wirklichen Sekt aus Deutschland haben will, kauft am besten einen Winzersekt oder einen Sekt mit Rebsorten- und Herkunftsangabe, z. B. Mosel-Rieslingsekt.

ELSASS

Das Weinbaugebiet Elsass hat eine ähnliche Weinphilosophie wie Deutschland. Es werden rebsortenreine Weine bevorzugt. Über 90% der Elsässer Weine sind weiß. Einzig zugelassene Rotweinrebe ist der Pinot Noir, der knapp 10% ausmacht und hier gerne als hellroter Wein angeboten wird. Wichtigste weiße Reben sind Riesling und Pinot blanc (Weißburgunder), gefolgt von Gewürztraminer, Pinot Gris (Grauburgunder), Sylvaner und Muscat d´Alsace. Über den normalen Qualitätsweinen rangieren die Grands Crus, die nur in den besten Lagen und nur aus den Rebsorten Riesling, Gewürztraminer, Muscat und Pinot Gris zugelassen sind. Teilweise werden auch edelsüße Weine produziert (»Vendanges Tardives«). Den meisten Erfolg feiern die Elsässer Winzer jedoch in den letzten Jahren mit klassischem, flaschenvergorenem Sekt, dem Crémant d´Alsace.

LANGUEDOC-ROUSSILLON

Gewissermaßen das Pendant zur Pfalz und zu Rheinhessen in Deutschland: Die Regionen, in denen in den letzten 25 Jahren die rasanteste Qualitätsentwicklung stattgefunden hat. Das Potenzial der Weinbergslagen, die sich etwa von Nîmes aus bis zur französischen Grenze südlich von Perpignan erstrecken, ist riesig – und immer mehr Winzer schöpfen es auf brillante Weise aus. Entscheidender Durchbruch war die Schaffung der auch für den Export nach Deutschland

bedeutenden Kategorie »Vin de Pays d´Oc«: Unter diesem Namen werden vorwiegend die Rebsorten Merlot, Cabernet Sauvignon, Chardonnay oder Sauvignon blanc angeboten. Den Schwerpunkt bei den Qualitätsweinen (AOP) stellen traditionelle rote Rebsorten der Region, die meist als Cuvées ausgebaut werden. Neben dem von der Rhône zugereisten Syrah sind dies hauptsächlich Carignan, Grenache und Mourvèdre. Die besseren Weine sind weich, würzig, fruchtig, gehaltvoll und mit geringer Säure – echte Schmeichler auf zum Teil sehr hohem Niveau und großenteils zu verhältnismäßig günstigen Preisen. Die bekanntesten Appellationen, hauptsächlich für Rotwein und Rosé, sind Côtes du Roussillon, Coteaux du Languedoc, Corbières, Fitou, Minervois, Saint-Chinain und Faugères. Im äußersten Süden wachsen bedeutende rote Dessertweine unter dem Namen Banyuls. Dazu kommen die spannende Region Limoux, wo erstklassige Sekte nach dem klassischen Flaschengärverfahren (Crémant de Limoux, Blanquette de Limoux) erzeugt werden und der Picpoul de Pinet, ein schöner Weißwein zu Meeresfrüchten und weißem Fisch.

RHÔNE UND PROVENCE

Die Rotweine der Appellation Côtes-du-Rhone haben sich in den letzten Jahren ungemein positiv entwickelt. An der südlichen Rhône ist es hauptsächlich die fruchtige Grenache-Traube die, unterstützt von Syrah, die erste Geige spielt.

Das Rhônegebiet gilt als die älteste Weinregion Frankreichs: Seit über 2400 Jahren wird hier bereits Weinbau betrieben.

Karg, heiß, intensiv – Klima, Landschaft und Vegetation prägen den Geschmack der südfranzösischen Weine.

Die Weine sind oft fruchtig, mit feiner, warmer Würze und reifen, seidigen Tanninen. Über den normalen Côtes du Rhône stehen die Côtes du Rhône Villages-Weine. Darüber rangieren die Villages, die zusätzlich den Namen ihrer Herkunftsgemeinde tragen dürfen, z. B. Cairanne. Oberste Qualitätsstufe sind die Crus, z. B. Gigondas oder Vacqueyras. Die teuersten, aber nicht automatisch besten Crus der südlichen Rhône stammen aus dem berühmten Ort Châteauneuf-du-Pape. Preiswerte und gute Weine liefern Costiéres de Nîmes, Ventoux und Luberon. Die nördliche Rhône dominiert der rote Syrah. Die Weine sind knapp, teuer und begehrt und in der Spitze herausragend. Die bekanntesten Crus sind Côte Rôtie, Hermitage und Crozes-Hermitage. Überraschung am Rande: Die mittlerweile weltweit populäre weiße Viognier-Traube hat hier, in der Appellation Condrieu, ihren Ursprung. Die benachbarten Regionen Côtes de Provence und Côteaux d´Aix-en-Provence sind die weltweiten Roséspezialisten. Mit hellrosa, trockenen, frischen Weinen decken sie über 10% der weltweiten Roséproduktion ab.

LOIRETAL

Das Anbaugebiet Loire ist ungeheuer weitläufig und hat eine Längenausdehnung von gut 1000 Kilometern – mehr als von München bis Hamburg. Berühmt wurde die Loire für ihre mineralischen, stahligen Sauvignons von Feu-

ersteinböden aus Sancerre und Pouilly-Fumé (nicht zu verwechseln mit Pouilly-Fuissé, einem Chardonnay aus dem Burgund). Von hier trat die Rebsorte ihren weltweiten Siegeszug an. Ähnlich gute Sauvignons, aber ungefähr zum halben Preis, stammen aus der Region Touraine. Interessante trockene, halbtrockene und edelsüße Weißweine sowie erstklassige flaschenvergorene Schaumweine (Crémants) werden in Vouvray und Montlouis aus der Chenin-blanc-Traube erzeugt. Von der Loire-Mündung stammt der Muscadet de Sèvre et Maine, ein recht schlanker, trockener Weißwein, der hervorragend zu Meersfrüchten passt. Zu den bekanntesten, wenngleich nicht spannendsten Weinen zählt der Rosé d´Anjou, der meistens halbtrocken angeboten wird. Aus Saumur kommen einige der besten französischen Schaumweine aus der Rebsorte Chenin blanc. Ein echter Geheimtipp: Charaktervolle Rotweine, die bei uns zu Unrecht völlig unbekannt sind, wachsen auf Kalksteinböden in den Appellationen Chinon, Bourgeuil und St. Nicolas de Bourgeuil. Sie stammen aus der unterschätzten Rebsorte Cabernet Franc.

SÜDWESTEN

Unter dem Begriff »Sud-Ouest« hat man einige Gegenden zusammengewürfelt, deren Weine charakterlich nicht viel miteinander zu tun haben. Die Weiß- und Rotweine des Bergerac erinnern an das benachbarte Bordeaux. Die roten, sehr ker-

Das Loiretal ist von besonderem Liebreiz und seiner imposanten Historie geprägt.

Südtirol ist von einer imposanten Landschaft geprägt. Neben dem Weinanbau, den schon die Römer vorantrieben, um gut versorgt über die Alpen zu gelangen, spielt der Apfelanbau eine wichtige Rolle.

nigen Weine aus Madiran und Saint Mont haben einen sehr hohen Anteil der Rebsorte Tannat, die sonst in Frankreich keine große Rolle mehr spielt, aber einen extrem hohen Anteil herzfreundlicher Polyphenole enthält. Der einst berühmte »Schwarze Wein von Cahors« hingegen wird hauptsächlich aus der mittlerweile zumeist in Argentinien verbreiteten Malbec-Traube gekeltert. Die Gascogne liefert vorwiegend leckere, unkomplizierte und frische weiße Landweine als Côtes de Gascogne IGP.

ITALIEN

Italien ist das größte Weinbauland der Welt. Von Südtirol an der Grenze zu Österreich bis nach Sizilien wachsen Reben. Im Anbau führend sind der häufig langweilige weiße Trebbiano und die rote Sangiovese-Traube, die von einfachen säurebetonten Landweinen bis hin zu dichten, kompakten Spitzenweinen das ganze Qualitätsspektrum abdeckt.

SÜDTIROL UND TRENTINO

In Südtirol sind es vor allem sehr ehrgeizige, qualitätsorientierte Winzergenossenschaften, die das Gebiet in den letzten Jahren richtig vorangebracht haben. Wie in Deutschland und Österreich werden vorwiegend rebsortenreine Weine angebaut. Wichtigste weiße Sorte ist der Weißburgunder (Pinot bianco), auch Grauburgunder (Pinot Grigio), Sauvignon und Chardonnay ergeben gute

Resultate. Eine weiße Spezialität Südtirols ist der Gewürztraminer. Häufigst angebauter Rotwein Südtirols ist der leichte, fruchtige Vernatsch (Trollinger), meist als Kalterersee oder St. Magdalener deklariert. Kraftvollere Weine ergeben Cabernet und die regionale Spezialität Lagrein. Das Trentino hat neben viel Chardonnay und Pinot Grigio zwei sehr schöne lokale Rotweinsorten, den fruchtigen Marzemino und den würzigen Teroldego.

VENETO

Die große Region Veneto westlich des Gardasees umfasst sowohl ausgedehnte Anbauflächen in der Ebene, wo hauptsächlich leichte, preiswerte Rebsortenweine wie Chardonnay, Pinot Grigio oder Merlot IGT angebaut werden, als auch erstklassige Lagen in der Hügelzone des Voralpenlandes. Bekannteste weiße Herkunft ist der Soave DOC, den es von leicht und einfach für unter 2 € im Discount bis hin zu Soave Classico aus dem Hügelland in sehr guten Qualitäten gibt. Herzhafte Rotweine sind Bardolino und Valpolicella. Von Letzterem gibt es zwei schwere, konzentrierte Nobelvarianten, für welche die Trauben vor dem Pressen rosinenartig getrocknet werden: Wird der so gewonnene Wein trocken, ist es ein Amarone, die süße Variante heißt Recioto. Last but not least stammt der Deutschen liebster Prickler aus dem Veneto: der Prosecco aus der Rebsorte Glera.

FRIAUL

Dieses Anbaugebiet grenzt an Österreich und Slowenien und gilt als italienischer Weißweinspezialist. Die größte Unterzone heißt Grave del Friuli DOC, die edelste mit dem höchsten Spitzenweinanteil Collio DOC. Ähnlich wie in Deutschland werden die meisten Weine reinsortig angeboten. Dabei gibt es neben Chardonnay, Pinot Grigio und Sauvignon blanc zwei spannende regionale Weißweinreben: Friulano und Ribolla Gialla.

Bei den Rotweinen dominieren die Bordeaux-Sorten Cabernet und Merlot, dazu gibt es eine herbe, herzhafte, hauptsächlich den Einheimischen schmeckende autochthone Rebe namens Refosco.

LOMBARDEI

Obwohl die Region um Mailand nicht ganz wenig Wein produziert ist sie weitgehend unbekannt. Aushängeschild sind hochwertige, flaschenvergorene Schaumweine aus Chardonnay und Pinot Noir unter dem Namen Franciacorta. Meist gut, aber nicht ganz billig, ist der weiße Lugana vom Gardasee, dessen Anbauflächen teils auch im Veneto liegen. Geheimtipp: Schöne mineralische Tropfen, als Stillwein oder prickelnd, kommen aus dem unterschätzten Gebiet Oltrepò Pavese.

PIEMONT

Das Piemont zählt neben der Toskana zu den beiden bekanntesten und renommiertesten Anbaugebieten Italiens. Hauptsächlich liegt das an der noblen, total eigenständigen Nebbiolo-Traube. Sie ergibt kraftvolle, langlebige, vielschichtige, schieferfarbene, in ihrer Jugend häufig recht verschlossene Rotweine, bei denen es sich lohnt, sich intensiv mit ihnen auseinanderzusetzen. Die berühmten Rotweine Barolo und Barbaresco bestehen ausschließlich aus Nebbiolo. Immer besser, vor allem wenn die Winzer pro Hektar nicht viel ernten, werden in den letzten Jahren auch die roten Barbera-Weine: Im Idealfall sind das herzhafte, kirschfruchtige und lebendige Tropfen, kurzum: Gute Kameraden und unkomplizierte Essensbegleiter. Dritte wichtige Rotweinrebe ist der tiefdunkle Dolcetto, der trockene, weiche Weine mit einer ganz leicht bitteren Mandelnote ergibt. Waren früher die Dolcetto-Weine eher einfache, süffige Trinkweine, so werden sie zunehmend sorgfältiger ausgebaut, was ihnen Profil und Qualität verleiht.

Als bekanntester Weißwein gilt der Gavi aus der Cortese-Traube. Die spannendste Weißweinrebe des Piemonts, die mineralische, geschliffene Weine mit dezenter, hintergründiger Frucht ergibt, heißt Roero Arneis. Das Piemont steht außerdem für süße, aromatische Perl- und Schaumweine, die als Moscato d´Asti oder Asti Spumante ihr eigenes Fanpublikum haben. Und was es noch gibt: Vermouth. Piemont ist der bedeutendste Vermouth-Hersteller weltweit, ein Getränk, das immerhin zu 70% aus Wein besteht.

Immer eine Reise wert: Piemont und das Veneto. Kulinarisch interessierte Italien-Fans können in beiden Regionen hervorragende Entdeckungen machen.

EMILIA-ROMAGNA

Die fruchtbare Poebene ist hauptsächlich Lambrusco-Land. Was kaum jemand ahnt: Vom Lambrusco, bei uns hauptsächlich als lieblicher roter Perlwein verbreitet, gibt es auch ausgezeichnete trockene Varianten, die sich prima zur rustikalen Küche der Region mit Parmaschinken, Würsten und Parmesankäse eignen. Unter der Bezeichnung Sangiovese di Romagna findet man einige ausnehmend gute Rotweine, die sich vor Chianti & Co. nicht verstecken müssen.

TOSKANA

Das berühmteste Anbaugebiet des Landes ist die Heimat so klangvoller Rotweine wie Chianti, Chianti Classico, Brunello di Montalcino oder Vino Nobile di Montepulciano. Alle diese Rotweine bestehen zum größten Teil aus Italiens wichtigster Rotweinrebe Sangiovese, jedoch meist mit geringen Anteilen anderer lokaler Rebsorten. Am bekanntesten ist der Chianti, dessen beste Weine meist aus den Unterzonen Chianti Classico und Chianti Rufina stammen. Gute Chiantis brillieren mit herzhafter Beerenfrucht und sind perfekte Essensbegleiter. Die teuersten Weine sind allerdings in der Regel die schwereren Brunellos. Im Kommen ist die Maremma in der südlichen Toskana mit dem eleganten Morellino di Scansano. Hier werden auch verstärkt die Bordeaux-Reben Cabernet Sauvignon und Merlot angebaut. Bekanntester, meist nicht besonders aufregender

Weißwein der Toskana ist der Vernaccia di San Gimignano. Im Chiantigebiet findet man bisweilen einen sehr traditionellen, mit Alkohol versetzten weißen Süßwein, den Vin Santo.

UMBRIEN UND LATIUM

Mittendrin im Herzen Italiens rund um die Hauptstadt Perugia liegt Umbrien. Hier wurde schon vor über 3000 Jahren von den Etruskern Wein angebaut. Ein ziemlich kraftvoller, dunkler, tanninbetonter Wein wird aus der lokalen Rebsorte Sagrantino gewonnen: der Sagrantino di Montefalco. Hauptsächlich aus Sangiovesetrauben wird der zweite bekannte Rotwein des Landes, der Torgiano rosso, gekeltert. Im Grenzbereich zwischen Umbrien und Latium wächst der hauptsächlich aus Trebbiano bestehende weiße Orvieto, den es als trockene und liebliche Variante gibt. Die bekanntesten Weine aus dem Latium mit der Hauptstadt Rom sind der – meist mäßige – Frascati und der Est!Est!!Est!!! di Montefiascone, beide ebenfalls auf dem allgegenwärtigen Trebbiano basierend.

MARKEN UND ABRUZZEN

Die Marken an der Adriaküste sind nicht nur landschaftlich wunderschön und ein uraltes Kulturland (die alten Picener, die hier wohnten, trieben schon vor 2500 Jahren regen Handel mit Etruskern und Griechen), sondern auch ein Füllhorn für unbekannte, spannende und über-

ITALIEN

AOSTA

LOMBARDEI
Franciacorta DOCG
Lugana DOC

SÜDTIROL/TRENTINO
Lagrein DOC
Kalterersee DOC
Teroldego DOC

PIEMONT
Barolo DOCG
Barbaresco DOCG
Barbera d'Asti DOC
Gavi di Gavi DOCG
Asti Spumante DOC

LIGURIEN

FRIAUL
Collio DOC
Grave del Friuli DOC
Friulano DOC

TOSCANA
Chianti DOCG
Brunello di Montalcino DOCG
Vino Nobile di Montepulciano DOCG
Vernaccia di San Gimignano DOCG
Morellino di Scansano

VENETO
Valpolicella DOC
Amarone DOCG
Soave DOC
Prosecco DOC
Bardolino DOC

EMILIA ROMAGNA
Sangiovese di Romagna DOC
Lambrusco DOC

SARDINIEN
Vermentino di Gallura DOCG
Cannonau di Sardegna DOC
Monica di Sardegna DOC

MARKEN
Verdicchio di Castelli di Jesi DOC
Rosso Piceno DOC
Rosso Conero DOC

UMBRIEN
Sagrantino di Montefalco DOCG
Orvieto DOC

ABRUZZEN
Montepulciano d'Abruzzo DOC

MOLISE
Montepulciano d'Abruzzo DOC

LATIUM
Frascati DOC
Est!ESt!!Est!!! DOC

KAMPANIEN
Fiano di Avellino DOC

APULIEN
Salice Salentino DOC
Primitivo IGT

KALABRIEN
Cirò DOC
Lamezia DOC

SIZILIEN
Marsala DOC
Nero d'Avola IGT
Etna Rosso DOC

BASILIKATA
Aglianico del Vulture DOC

dies meist recht preiswerte Weinentdeckungen. Sie verfügen mit dem Verdicchio über eine der hochwertigsten Weißweinreben des Landes. Die Weine daraus sind meist lebhaft und fruchtig mit schönen Apfel- und Pfirsicharomen und – nicht selbstverständlich in Italien – lebendiger Säure. Spannende, kraftvolle und elegante Rotweine finden sich unter den Bezeichnungen Rosso Conero und Rosso Piceno – sie basieren überwiegend auf der Montepulciano-Traube mit etwas Sangiovese. In den südlich angrenzenden Abruzzen gibt es unter dem Namen Montepulciano d´Abruzzo viele unkomplizierte, fruchtige, aber saubere Rotweine, die häufig zu recht günstigen Preisen angeboten werden. Eine echte Spezialität ist ein kräftiger, würziger Rosé aus Montepulciano, der Cerasuolo d´Abruzzo. Meistangebaute weiße Traube ist der Trebbiano, der vorwiegend relativ neutrale, säurearme Weißweine ergibt.

KAMPANIEN

Ein sehr spannendes Anbaugebiet, wo auf vulkanischen Böden rund um Neapel eigenständige und lebendige Weine gedeihen. Hier wuchs schon der Falerner, der wohl berühmteste Wein der Antike. Weinhandelszentrum war damals übrigens Pompeji. Kraftvolle, körperreiche und aromatische Rotweine liefert vor allem die Aglianico-Traube. Die mineralisch geprägten Weißweine, hauptsächlich aus den regionalen Rebsorten Greco und Fiano, überzeugen durch Lebhaftigkeit und Länge und sind ganz tolle Essensbegleiter zu Fisch, Meeresfrüchten oder Antipasti. Allerdings: Kampanische Weine sind keine Schnäppchen.

APULIEN

Apulien glänzt mehr und mehr mit eigenständigen und charaktervollen Rotweinen. Die besten davon wachsen auf der Halbinsel Salento. Vor allem zwei Traubensorten beflügeln den Aufschwung des Gebietes: Die würzigen, schweren, säurearmen, an Zimt und dunkle Waldfrüchte erinnernden Primitivos finden immer mehr Liebhaber. In Kalifornien heißt eine Spielart dieser Rebsorte übrigens Zinfandel. Die zweite wichtige Rebe, Negroamaro, wird in Apulien seit Jahrtausenden angebaut. Sie ergibt im Idealfall einfach leckere, geschmeidige und würzige Weine mit schönen Kirsch- und Johannisbeeraromen.

BASILIKATA UND KALABRIEN

In der Basilikata gedeiht die Aglianico-Traube besonders gut: Auf vulkanischen Böden ergibt sie charaktervolle, mineralisch geprägte Rotweine, die zu den spannendsten Italiens zählen. Kalabrien, eines der ältesten Weinbaugebiete Italiens, bringt zunehmend modern gemachte, interessante Weine aus alten lokalen Rebsorten auf den Markt. Die wichtigste davon ist die Gaglioppo, die gut ein Viertel der Rebfläche bedeckt. Die bekanntesten Herkünfte sind Ciró und Lamezia.

Die alten Griechen bezeichneten den Süden Italiens als Oenotria – Land des Weines. Und Plinius der Ältere beschrieb schon ausführlich die ersten Gewächse. Heute ist neben dem Zitrusfruchtanbau die Weinproduktion ein wichtiger landwirtschaftlicher Faktor auf Sizilien.

SIZILIEN

Das größte italienische Anbaugebiet hat eine stolze Tradition: Von hier aus exportierten einst die Griechen den Weinbau nach Europa. In den letzten Jahren sind hier viele neue, ambitionierte Weingüter aus dem Boden gestampft worden. Interessanterweise kommen aus Sizilien, was man so weit im Süden gar nicht erwarten würde, etliche frische und rassige Weißweine. Rote Leitsorte Siziliens ist der Nero d´Avola, der tiefdunkle, konzentrierte Weine mit guter Säurestruktur und häufig sehr schöner Mineralität ergibt. In den letzten Jahren wurden in Sizilien vermehrt internationale Edelreben wie Chardonnay, Cabernet Sauvignon und Syrah angepflanzt.

SARDINIEN

Sardische Weine haben sich in den letzten Jahren von anonymen Massenweinen zu exzellenten DOC- und DOCG-Weinen gemausert. Eine sardische Spezialität ist der feine weiße Vermentino, der lebhafte, mineralisch geprägte Weine ergibt. Die bekannteste und wertvollste Rotweinrebe Sardiniens, der Cannonau, ist ein alter Bekannter und in Südeuropa bestens vernetzt: In Frankreich heißt die Traube Grenache, in Spanien Garnacha. Cannonau ergibt weiche, alkoholstarke Weine mit milden Tanninen und samtiger Würze. Beliebt ist auch der süffige, leicht zu verstehende rote Monica di Sardegna. Monica ist eine autochthone sardische Rebsorte, die trockene und leichte Weine ergibt.

SPANIEN

Spanien hat die größte Rebfläche aller Länder weltweit, liegt aber in der Menge hinter Italien und Frankreich. Wie kann das angehen? Die Antwort ist relativ einfach: In dem großenteils heißen und trockenen Land, in dem schon vor über 6000 Jahren Wein angebaut wurde, sind die Hektarerträge im Schnitt deutlich niedriger als in den meisten anderen Weinbaunationen. Noch vor einigen Jahren dachte man bei spanischen Qualitätsweinen ausschließlich an Rioja. Das hat sich mittlerweile gründlich gewandelt: Die letzten zwanzig Jahre haben Spanien eine wahre Qualitätsexplosion beschert. Mittlerweile kommen aus dem ganzen Land spritzige animierende Weißweine, fruchtige, kraftvolle Rosés und weiche, würzige, den Publikumsgeschmack punktgenau treffende Rotweine, hauptsächlich aus den Traubensorten Tempranillo und Garnacha (Grenache). Das Preis-Genuss-Verhältnis spanischer Weine ist teilweise hervorragend. Schon für relativ wenig Geld finden sich oft weiche, zugängliche und runde, sehr sauber gemachte Weine, die einfach und unkompliziert gut schmecken. Das hat den Spaniern in den deutschen Verkaufscharts einen sicheren vierten Platz hinter Deutschland, Italien und Frankreich beschert. Beim Rotwein sind für die geschmackliche Orientierung die Zusatzbezeichnungen, welche die Lagerdauer im Fass und in der Flasche angeben, meist wichtiger geworden als die Angabe der Herkunft. Bei mittlerweile

rund 85 Qualitätswein- und ca. 50 Landweinregionen ist es ansonsten ohnehin schwierig, den Überblick zu behalten.

Beginnen wir unseren Ausflug im katalanischen Nordosten, in der unweit Barcelonas gelegenen Hügelzone des Penedès. Hier ist Cava-Land: Das ist spanischer Qualitätsschaumwein, der nach vergleichbaren Qualitätskriterien wie der Champagner hergestellt wird, also mit dem klassischen Flaschengärverfahren, limitierten Erträgen und vorgeschriebener Reifezeit auf der Hefe und in der Flasche. Das Zentrum der Cava-Industrie, das Städtchen San Sadurni d'Anoia, ist auf Kreidefelsen gebaut und von zahlreichen in den Fels getriebenen Cava-Reifekellern untertunnelt. Die Hauptrebsorten für den Cava, die auf den hiesigen Kreideböden prächtig gedeihen, tragen die zungenbrecherischen Namen Parellada, Xarel-lo und Macabeo. Erlaubt sind aber auch Chardonnay und Pinot Noir. Klassischer Cava ist fruchtig, spritzig elegant und nicht allzu säurebetont. Auch sehr gute Qualitäten sind oft erstaunlich preisgünstig. Ansonsten kommen aus dem Penedès hauptsächlich frisch-fruchtige, angenehme Weiß-, Rosé- und Rotweine. Von ganz anderem Kaliber sind die Rotweine aus der kleinen, aber feinen katalanischen Anbauzone Priorat: Auf kargen Schiefer-Steilhanglagen entstehen hier, vor allem aus der Traubensorte Garnacha, ungemein dichte und konzentrierte Rotweine, die mit viel Mühe angebaut und mit minimalen Erträgen

Rioja und Ribero del Duro –
klangvolle Namen des
spanischen Weinanbaus.

SPANIEN

Ribeira Sacra DO
Ribeiro DO
Rias Baixas DO
Monterrei DO

GALICIA
ASTURIAS
CANTABRIA

Valdeorras DO
Bierzo DO
Tierra de León DO
Cigales DO
Arlanza DO
Ribera del Duero DO

Txacoli de Álava DO
Txacoli de Bizcaia DO
Rioja DOCa
Txacoli de Getaria DO
Navarra DO
Campo de Borja DO
Cariñena DO

Somontano DO
Costers del Segre DO
Empordà DO

EUSKADI
NAVARRA
LA RIOJA

CATALUNYA
Pla de Bages DO
Alella DO
Penedès DO
Conca de Barberà DO
Tarragona DO
Priorat DOCa
Montsant DO
Terra Alta DO

CASTILLA Y LEÓN

Calatayud DO

Arribes DO
Tierra del Vino de Zamora DO
Toro DO Rueda DO
Vinos de Madrid DO
Méntridas DO

Mondéjar DO
Ribera del Júcar DO
ARAGÓN
COM. MADRID
Uclés DO

COM. VALENCIANA

EXTREMADURA

CASTILLA LA
MANCHA

Ribera del Guadiana DO

Valencia DO
Utiel-Requena DO
Manchuela DO
Almansa DO
Alicante DO
Yecla DO
Jumilla DO
Bullas DO

BALEARES
Pla i Llevant DO
Binissalem DO

ANDALUCIA

REGIÓN DE MURCIA

Condado de Huelva DO

Manzanilla-Sanlúcar
de Barrameda DO
Jeréz DO
Málaga & Sierras
de Málaga DO
Montilla - Moriles DO

Valdepeñas DO
La Mancha DO

La Palma DO
El Hierro DO
La Gomera DO

Ycoden-Daute-Isora DO
Valle de la Orotava DO
Tacoronte-Acentejo DO
Abona DO

Lanzarote DO

Valle de Güímar DO
Gran Canaria DO

CANARIAS

gelesen werden. Sie zählen die zu den feinsten und teuersten Weinen Spaniens. In der Provinz Aragón gibt es im Anbaugebiet Somontano eigenständige, vulkanisch geprägte, relativ schlanke Weiß- und Rotweine aus meist internationalen Rebsorten sowie der regionalen Rotweintraube Moristel. Cariñena überzeugt mit tiefgründigen roten Gewächsen aus Tempranillo und Garnacha. Navarra ist seit jeher bekannt für seine Roséweine, doch kommen in den letzten Jahren immer mehr gelungene, auch lagerfähige Rotweine hinzu, vor allem aus Garnacha und Tempranillo. Tief im Westen, im feuchten Galicien, gedeiht im Anbaugebiet Rías Baixas eine weiße Rebsorte ganz vorzüglich: Die Albariño, die rassige und frische, mineralische Weine mit schöner Säure hervorbringt. Nachteil: Diese Weine sind auch in Spanien sehr begehrt und meist relativ teuer. Aber wenn Sie in Ihrem spanischen Stammlokal zur gegrillten Fischplatte einen Albariño bestellen, machen Sie nichts falsch.

ZENTRUM DES SPANISCHEN WEINBAUS

Der traditionelle Hort der spanischen Weinkultur ist das Anbaugebiet Rioja: Die klassischen, würzigen und charaktervolle Rotweine auf Basis der Rebsorte Tempranillo sind bis heute die mit Abstand bekanntesten Gewächse Spaniens. Die besten Reservas und Gran Reservas haben in Terroir-Ausprägung, Tiefe und Vielschichtigkeit nahezu burgundischen Charakter – und meist

einen stolzen Preis. Es gibt mittlerweile aber auch viele einfache, unkomplizierte Jungweine (Joven) aus Rioja. Die ausgewogensten und interessantesten Riojas mit dem besten Gegenwert fürs Geld sind häufig die Crianzas: Sie schlagen eine Brücke von der Frische der Jungweine hin zur Länge und Tiefe der Reservas und sind in aller Regel noch erschwinglich.

AUFSTEIGERREGION

Der ganz große Talentschuppen im spanischen Weinbau mit einer enormen Leistungsdichte an – häufig brandneuen – Spitzenerzeugern ist die Provinz Castilla-León: Dort sind renommierte Anbaugebiete und sexy Newcomer aufgereiht wie Perlen an der Schnur. Vorgeprescht war Ribera del Duero: Hier wachsen auf Kreidehängen am Douro-Fluss nuancenreiche und tiefgründige Rotweine auf Tempranillo-Basis, die mittlerweile Weltruf erlangt haben – und die zwischenzeitlich die traditionellen Riojas ganz schön das Fürchten lehrten. Sehr feine, vielschichtige Rote und Rosés stammen auch aus der kleinen Geheimtipp-Appellation Cigales. Kraftvoll und würzig mit gutem Potenzial sind die Roten aus Toro. Eine Sonderrolle spielt die D.O. Bierzo: Hier haben seit Kurzem einige Winzer die Möglichkeiten der regionalen Rebsorte Mencía erkannt und keltern daraus charaktervolle Rotweine mit kühlem Charme. Das unweit von Ribera del Duero gelegene Anbaugebiet Rueda schert aus

Nichts für Flachwurzler – die Hitze Andalusiens fordert von den dort wachsenden Rebstöcken einiges ab.

der Rotweinphalanx aus: Ihm gebührt viel mehr das Verdienst, spanische Weißweine binnen kürzester Zeit in die Weinbars und Restaurants der Welt und ins Bewusstsein der Weinfreunde katapultiert zu haben. Zu verdanken ist dies der Rebsorte Verdejo, die hier saftige, animierende, lebhafte Weine mit einer exotischen Fruchtigkeit, die einen aus dem Glas manchmal förmlich entgegenspringt, erbringt.

DON QUICHOTTES HEIMAT

Südlich der Hauptstadt Madrid erstreckt sich die Provinz Castilla La Mancha. Von hier gibt es eine ganze Reihe nett zu trinkender Weißweine aus Rebsorten wie Sauvignon blanc und Verdejo, dazu lebhafte und fruchtige Rosés mit milder Säure und guter Struktur. An Qualität gewinnen neben den roten Jungweinen auch die Crianzas und Reservas. Auf Grund der klimatischen Bedingungen fühlen sich hier neben der alteingesessenen Tempranillo-Traube auch internationale Edelreben wie Cabernet Sauvignon und Syrah immer wohler und geben den besten Cuvées Spannung und Vielschichtigkeit. Da nach wie vor nur ein kleiner Teil der Produktion als La Mancha D.O. abgefüllt wird und sich Winzer, Kellereien und Genossenschaften dafür natürlich das Beste raussuchen, gibt es mittlerweile viele richtig gute Weine zu ausgesprochen moderaten Preisen. In der Hochebene von La Mancha liegt auch das Anbaugebiet Valdepeñas, das in Deutschland durch preisgüns-

tige, unkomplizierte Crianzas, Reservas und Gran Reservas bekannt wurde. Zu den quantitav wichtigen D.O.- Regionen, die vor allem den Handel in großem Stil mit preiswerten Jungweinen versorgen, zählt Valencia. Eine Spezialität von dort ist auch ein lieblicher Likörwein, der Moscatel. Unmittelbar angrenzend befindet sich die ausgesprochen interessante, durch Vulkanböden geprägte D.O. Utiel-Requena. Regionale Spezialität ist hier die rote Rebsorte Bobal, aus der ausgesprochen köstliche, fruchtige und lebendige Roséweine gekeltert werden, die zudem meist nicht viel kosten. Südlich davon schließen sich die D.Os Jumilla und Murcía an, die beide vor allem mit kräftigen, würzigen Rotweinen aus einer noblen, alteingesessenen Traube punkten: Der Monastrell, auch in Frankreich als Mourvèdre hoch geachtet. In der Extremadura an der portugiesischen Grenze liegt die D.O. Ribera del Guadiana, aus der charaktervolle, terroirgeprägte Rotweine, vorwiegend aus Garnacha, stammen.

Andalusien, die heiße und trockene Region im äußersten Süden, ist seit Jahrhunderten weltberühmt für seine Sherrys aus dem Gebiet um die Stadt Jerez. Das sind nach einem speziellen Verfahren aufgespritete Weine, die es in verschiedenen Varianten von trocken bis lieblich gibt (Siehe Seite 123). Immer mehr an Bedeutung gewinnen die Inselweine von Mallorca, vor allem aus der D.O. Binissalem. Lokalmatador ist hier die rote Traubensorte Manto Negro.

Trocken, heiß und karg – hart für Weinreben, gut für den Zuckergehalt ihrer Trauben.

ÖSTERREICH

Seit 1985 hat Österreich eines der strengsten Weingesetze der Welt. Seitdem hat sich ein rasanter qualitativer Aufstieg vollzogen. Heute verfügt Österreich über eine Vielzahl exzellenter, bestens ausgebildeter Winzerinnen und Winzer. Ungefähr zwei Drittel der Weine sind weiß. Die besten trockenen und edelsüßen Weißen zählen zur internationalen Spitze. Immer besser werden auch die Rotweine, hauptsächlich aus den Rebsorten Zweigelt und Blaufränkisch (Lemberger). Die wirklich guten Rotweine sind jedoch, wie in Deutschland, im Verhältnis zu den Weißen relativ teuer. Die Österreicher sind sehr stolz auf ihre lebendige und qualitätsorientierte Winzerszene, sodass gut 70% der Weinproduktion im Lande selber getrunken werden. Absoluter Star in den österreichischen Weingärten ist der Grüne Veltliner, der mehr als ein Drittel der Gesamtrebfläche bedeckt.

WEINVIERTEL – DAS GRÖSSTE ANBAUGEBIET

Hier ergibt der grüne Veltliner lebhafte, knackige und würzige Weine, die häufig das berühmte, animierende »Veltliner-Pfefferl« haben. Früher Lieferant billiger Schankweine, hat das Weinviertel den größten Sprung unter den österreichischen Weinbaugebieten gemacht und bietet heute ein wahres Füllhorn spannender Entdeckungen zu teilweise noch erschwinglichen Preisen. Überdies war das Weinviertel Pionier bei der Einführung der DAC-Weine (Siehe nebenstehenden Kasten).

Das Weinviertel und die Wachau bieten hervorragende Weine, besonders Grüne Veltliner und Rieslinge sorgen für Begeisterung.

Zunehmend finden sich hier auch anständige Rotweine, hauptsächlich aus Zweigelt.

DIE WACHAU – KLEINE, ABER FEINE BERÜHMTHEIT

Die Wachau beeindruckt mit ihren atemberaubenden Weinbergterrassen an der Donau und guten, teils überragenden Grünen Veltlinern und Rieslingen von Urgesteins- und Lössböden. Die im Winzerverband »Vinea Wachau« zusammengeschlossenen Winzer haben für die verschiedenen Reife- und Schweregrade der Weine Bezeichnungen eingeführt, die auf einen Blick praktische Orientierungshilfe leisten. So heißen hier die leichtesten trockenen Weine »Steinfeder«, die mittelschweren »Federspiel«, die richtig dicken, konzentrierten und alkoholstarken Gewächse »Smaragd«. Da Wachauer Weine selten und begehrt sind, kosten sie verhältnismäßig viel. Wer für weniger Geld die Wachauer Stilistik sucht, muss nicht weit reisen: Das direkt angrenzende Kremstal kann qualitativ absolut mithalten, ist aber nicht ganz so hip und bietet teilweise viel Wein fürs Geld, gerade bei Grünem Veltliner und Riesling. Dies gilt zudem für das nördlich ans Kremstal grenzende Kamptal, das südlich der Wachau liegende Traisental und den Wagram. Auch die Landeshauptstadt Wien betreibt in nennenswertem Umfang Weinbau – immerhin auf rund 550 Hektar. Eine traditionelle Wiener Spezialität ist der weiße »Gemischte Satz«, bei

HERRSCHAFTSWISSEN ZUM ANGEBEN

DAC – eine gute Idee

Mit der DAC wurde in Österreich eine neue Kategorie für absolut herkunftstypische Qualitätsweine geschaffen, die einer strengen sensorischen Prüfung unterzogen werden. Damit ist die österreichische DAC international eine der vorbildlichsten und verlässlichsten Qualitätskategorien. Die DACs für das Weinviertel, das Kremstal, das Traisental und das Kamptal sind weitgehend identisch: Die DAC-Klassik-Weine sollen fruchtig, würzig und frisch ohne Holznote sein, die Reserve-Weine kräftiger mit höherem Alkohol, höherer Reife und möglichem Holzton. Zugelassene Reben sind Grüner Veltliner und Riesling, im Weinviertel ausschließlich Grüner Veltliner. Die DACs Mittelburgenland und Eisenberg haben sich dem idealtypischen Blaufränkisch verschrieben. Auch hier gibt es eine Aufteilung in Klassik für fruchtige, mineralisch-würzige Weine ohne dominante Holznote, die Reserve-Weine sind alkoholstärker, kräftiger und können auch im Barrique gereift sein.

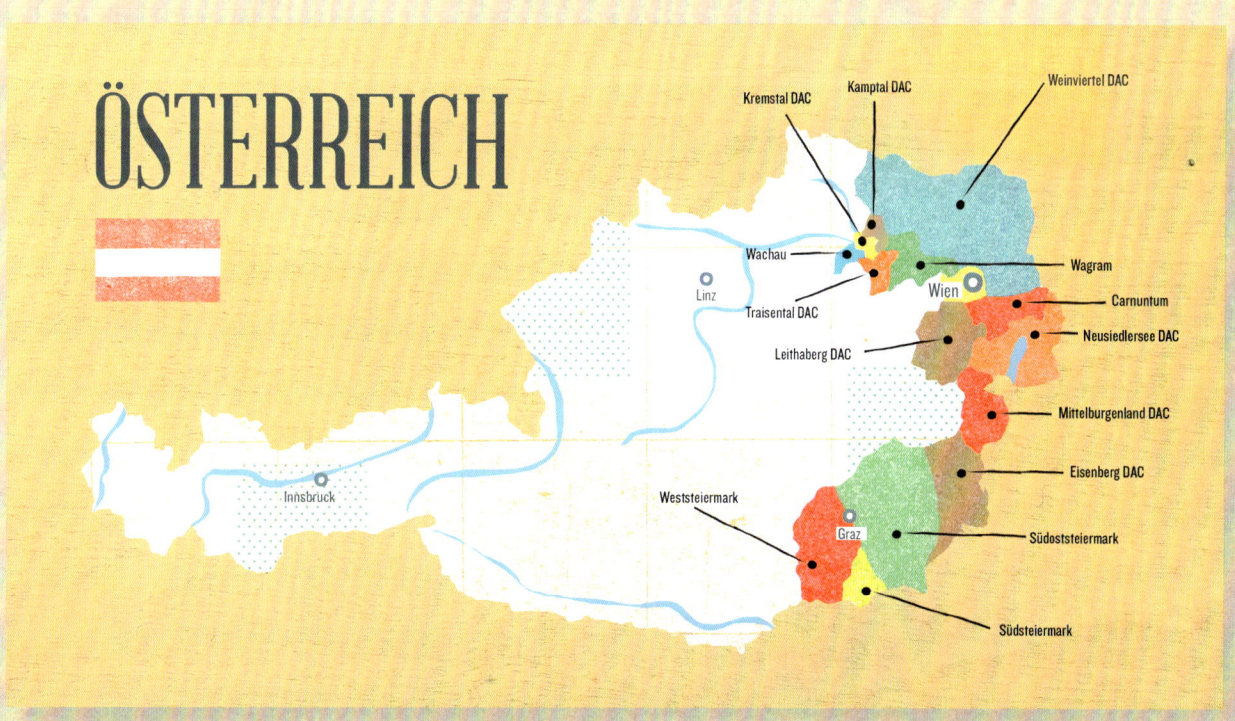

dem verschiedene Traubensorten nach der Ernte gemeinsam zu Wein verarbeitet werden. Das südöstlich von Wien gelegene Carnuntum macht immer mehr mit guten Rotweinen aus Zweigelt und Blaufränkisch, aber auch internationalen Sorten wie Cabernet und Syrah von sich reden. Die Thermenregion im Süden von Wien hat zwei aromatische regionale Weißweinsorten zu bieten: Den Rotgipfler und den Zierfandler. Ebenfalls gut gedeihen auf kalkigen Böden die Rotweinreben St. Laurent und Pinot Noir. Rund um den Neusiedlersee und im Neusiedlersee-Hügelland wachsen neben trockenen Welschrieslingen einige der bedeutendsten Süßweine der Welt. Die besten Beeren- und Trockenbeerenauslesen aus Welschriesling, Chardonnay oder Sämling 88 (Scheurebe) sind von einmaliger Konzentration und Klarheit und räumen bei internationalen Wettbewerben regelmäßig die Süßweinpreise ab. Ebenfalls hervorragend gedeihen hier die roten Reben, vorwiegend aus Blaufränkisch und Zweigelt. Sie zählen zu den besten Weinen Österreichs. Die Hochburgen des Blaufränkisch sind aber das Mittelburgenland und das Südburgenland. Diese Rebsorte ergibt hier, reinsortig oder in Cuvées, charaktervolle Rotweine von internationalem Format. In den Steillagen der Südsteiermark und der Südoststeiermark gedeihen sehr mineralisch geprägte, ausdrucksstarke Weißweine, vorwiegend aus Welschriesling und Weißburgunder. Der Chardonnay heißt hier, wenn er nicht im Holzfass

ausgebaut wird, Morillon. Zum Teil grandiose Resultate ergibt hier der Sauvignon, die kommende Rebe der Region. Die trockenen steirischen Gelben Muskateller sind hervorragende Aperitifweine. Die Weststeiermark verfügt mit dem Schilcher, einem trockenen, sehr säurebetonten Roséwein aus der Blauen Wildbachertraube, über eine ganz eigene Spezialität.

SCHWEIZ

Schweizer Weine gelangen kaum in den Export – rund 98% werden auf dem heimischen Markt konsumiert. Wichtigste Rebe ist der Gutedel, der im größten Anbaugebiet Wallis Fendant, im Waadtland und in Genf Chasselas heißt. Die bedeutendsten Rotweintrauben sind Pinot Noir und Gamay, die gerne als Cuvées angeboten werden. Diese heißen im Wallis Dôle, im Waadtland Salvagnin. Im Wallis und der Bündener Herrschaft gibt es einige exzellente reinsortige Pinot Noirs, die teuer und begehrt sind. Das Tessin (Ticino) an der italienischen Grenze liefert einige zum Teil auch im internationalen Vergleich erstklassige Merlots. Darüber hinaus werden rund 200 weitere, meist nur lokal bekannte Rebsorten angebaut.

PORTUGAL

Dieses Weinland hat sich in den letzten Jahren prima entwickelt: Vor allem mit modernen, sauberen, fruchtbetonten Rotweinen mit teilweise äußerst attraktivem Preis-Genuss-Verhältnis konnten

Auch Portugal spielt mittlerweile auf dem Weinmarkt eine kleine, aber feine Rolle. Auf imposanten Schieferhängen wachsen die Trauben für edle Portweine, aber auch gute Rote.

HERRSCHAFTSWISSEN ZUM ANGEBEN

Madeira, Sherry und Port: Die vergessenen Hochgenüsse

Im 18. Jahrhundert begann man, Weine mit Branntwein »aufzuspriten«, um sie für den Export, hauptsächlich nach England, haltbarer zu machen. Daraus entstanden drei berühmte Weinkategorien, die heute durchweg etwas aus der Mode sind, aber grandiose Geschmackserlebnisse bieten können: Sherry, Madeira und Portwein. Trotz – oder gerade wegen – des »Oma-Images« lohnt es, sich damit auseinanderzusetzen, Sie können hier großartige und völlig eigenständige Geschmackserlebnisse entdecken. Allerdings unterscheiden sich die drei gravierend voneinander.

Der spanische *Sherry* entsteht dadurch, dass in einen weißen Wein nach Ende der Vergärung Branntwein zugegeben wird, der den Alkoholgehalt in die Höhe treibt – Sherry ist also erstmal trocken. Er bleibt dann entweder so, oder es wird mehr oder weniger an süßem Wein aus vorher rosinenartig eingetrockneten Beeren dazugegeben. Anschließend reift jeder Sherry in offenen Fässern an der Luft – er wird also ganz bewusst einer Oxidation ausgesetzt. Ebenfalls aus weißen Trauben entstehen die aufgespriteten Weine auf der portugiesischen Insel *Madeira*. Hier wird jedoch der Branntwein während des Gärprozesses in den Wein gegeben, sodass die Gärhefen auf Grund des hohen Alkoholgehaltes absterben und somit, je nach Zeitpunkt des Branntweinzusatzes, mehr oder weniger Süße verbleibt. Madeira wird ebenfalls einer Oxidation ausgesetzt und kann genial altern – auch rund 200 Jahre alte Madeiras sind oft noch völlig faszinierend und frisch. Die besten trockenen Madeiras werden aus der Rebsorte Sercial gekeltert, die halbtrockenen aus Verdelho (Verdejo), die halbsüßen aus der Traubensorte Boal und die süßen aus Malmsey (Malvasia). Da Madeira bereits oxidiert ist, wenn er abgefüllt wird, kann er monatelang ohne Qualitätsverlust in der angebrochenen Flasche verweilen.

Im Dourotal wird der *Portwein* nach dem gleichen Verfahren, also durch Abstoppen der Weingärung mit Branntwein, erzeugt, allerdings meist aus roten Trauben. Danach wird er entweder oxidativ im alten Holzfass oder in der Flasche ausgebaut. Die besten Portweine bekommen einen Jahrgang. Haben sie ihre Reife im Fass durchgemacht, heißen sie dann »Colheita«, sind sie in der Flasche gereift »Vintage«. Die Colheitas können, wie Madeira und guter Sherry, monatelang angebrochen stehen bleiben; Vintage Port sollte man genauso schnell austrinken wie Wein.

sich die Portugiesen profilieren. In Portugal sind die internationalen Reben noch nicht so verbreitet wie anderswo: Hier stammt das Gros der Weine aus den gut 500 verschiedenen einheimischen autochthonen Reben. Eine der bekanntesten ist der leichte, fruchtige, meist ein wenig prickelnde weiße Vinho Verde aus dem kühlen Norden. Die beste Rebsorte dafür ist der Alvarinho, aus dem benachbarten spanischen Galicien auch als Albarino bekannt. Aus dem Dourotal mit seinen imposanten Schieferhängen stammen vor allem die berühmten Portweine. Aber in den letzten Jahren hat die Region auch ihr Potenzial für klassische Rotweine erkannt und produziert teilweise großartige Tropfen aus den früher nur dem Portwein vorbehaltenen Weinbergen. Das am Atlantik gelegene Weinbaugebiet Bairrada bringt auf kalkigen Tonböden kaftvolle, lagerfähige Rotweine, lebhafte Weißweine und gute Schaumweine hervor. Traditionell das renommierteste Rotweingebiet ist Dao, wo auf Granitböden charaktervolle und mineralisch geprägte Gewächse heranreifen. Leichtere, moderne, häufig recht preisgünstige Weine stammen aus der Küstenregion Estremadura. Überaus charmante, zugängliche fruchtige, aber dennoch gehalt- und charaktervolle Rotweine wachsen in der warmen Region Alentejo. Hier spielt die spanische Tempranillo-Rebe eine wichtige Rolle, die in Portugal Aragones heißt. Eine ganz große Spezialität Portugals sind die faszinierenden weißen Süßweine von der Insel Madeira.

> Fast schon wie im Regenwald: am Margaret River in Australien werden üppige Wein hergestellt.

GRIECHENLAND

Neben dem geharzten, trockenen weißen Retsina oder dem mit Alkohol versetzten roten Süßwein Mavrodaphne hat Griechenland eine Vielfalt an hochwertigen trockenen Weinen zu bieten. Besonders lagerungsfähig, in der Jugend meist recht herb, aber hervorragende Essensbegleiter zu kräftig gewürzten Fleischgerichten, sind die Rotweine aus der Xinomavro-Traube: Naoussa und Rapsani. Eine zweite griechische Rotweinrebe mit großem Potenzial heißt Agiorgitiko und ist die Basis für den Nemea. Von der Insel Kefalonia stammt einer der besten griechischen Weißweine aus der Rebsorte Robola, der sehr lebhaft und elegant ist. Mineralische, fast salzige Weißweine, die hervorragend zu Meeresfrüchten passen, ergibt die Rebsorte Assyrtiko auf der Vulkaninsel Santorini. Angebaut werden auch internationale Rebsorten wie Sauvignon, Cabernet und Syrah, die teilweise für interessante Cuvées mit einheimischen Rotweinsorten verwendet werden.

UNGARN

Berühmtester ungarischer Wein ist seit alters her der Süßwein Tokay, der vorwiegend aus der Rebsorte Furmint erzeugt wird und gerne an Zaren- und Fürstenhöfen gebechert wurde. Darüber hinaus verfügt das Land mittlerweile über eine Reihe erstklassiger Rotweinerzeuger. Wichtigste Rebsorte ist dabei, wie im benachbarten Österreich, der Blaufränkisch, der hier Kékfrankos heißt.

SÜDAFRIKA

Das Weinland Südafrika zählt genau genommen gar nicht zur Neuen Welt: Die erste Weinernte erfolgte bereits 1659, nachdem europäische Siedler am Kap gelandet waren. Der Weinbau konzentriert sich in der Provinz Western Cape mit der Hauptstadt Kapstadt. Das bekannteste Weinbaugebiet ist die Coastal Region – hier findet sich vor allem im Distrikt Stellenbosch die größte Dichte an renommierten Weingütern. Die traditionell meistangebaute Traubensorte ist die weiße Chenin blanc, die ursprünglich von der Loire stammt. Sie erbringt teilweise hochinteressante, sehr komplexe Weine aus alten Weinbergen. In den kühleren Küstenregionen, wo früher gar kein Wein wuchs, wird immer mehr Sauvignon blanc angebaut. Diese neuen »Cool-Climate«-Sauvignons zählen zu den interessantesten Weinen. Erstklassige Resultate erbringt überdies der Chardonnay mit einigen Weinen von fast burgundischer Komplexität. Weitere wichtige Rotweinreben: Cabernet Sauvignon, Shiraz und Merlot.

AUSTRALIEN

Australien ist Shiraz-Land. Keine andere Rebsorte hat das Image des Landes so geprägt, wie die tiefdunklen, würzigen, seidigen und teilweise ungemein konzentrierten Rotweine. In Australien dominieren große Kellereien den Markt, die in erster Linie bestrebt sind, rebsortentypische Weine herzustellen. Diese werden häufig aus verschiedenen Gebieten miteinander verschnitten, um den gewünschten Geschmackstyp zu erzielen. Diese Kellereien haben technisch einen sehr hohen Standard, sodass diese Weine selbst bei den Einstiegsqualitäten verlässlich sind. Es gibt aber auch Spitzenwinzer, die hochrangige Herkunftsweine erzeugen. Wichtigste Weißweinrebe ist der Chardonnay, gefolgt von der Sémillon, die charaktervolle, elegante und langlebige Weiße ergibt. Bei den Roten sind Cabernet Sauvignon und Merlot die Zweit- und Drittplatzierten in der Anbaustatistik. Wichtigste Weinregion ist South Australia. Um die Stadt Adelaide gruppieren sich die bekanntesten Anbaugebiete, so das Barossa Valley und das Mc Laren Vale, die für ihren Shiraz berühmt sind. Coonawarra punktet mit herausragenden Cabernet Sauvignons. Überraschend: Im Clare Valley wachsen die vermutlich besten Rieslinge außerhalb von Deutschland und Österreich. Weitere wichtige Weinregionen sind Victoria und New South Wales. Auch auf der Insel Tasmanien werden seit einiger Zeit Reben angebaut: bedingt durch das kühlere Klima erbringen Chardonnay und Pinot Noir hochfeine, duftige Qualitäten, die sich hervorragend zur Herstellung von Sekt eignen.

NEUSEELAND

Unbestrittener Star in den neuseeländischen Weinbergen ist der Sauvignon blanc, der gut die Hälfte der Rebfläche ausmacht. Im klassischen »Neuseeland-Stil« haben diese Sauvignons, meist

Neuzugänge
Eine Sonderstellung nimmt die südafrikanische Neuzüchtung Pinotage ein, die Rotweine von eigenständigem, würzigem, zum Teil etwas gewöhnungsbedürftigem Charakter ergibt. Die einfacheren, günstigen Einstiegsqualitäten aus Südafrika sind häufig in Deutschland abgefüllt.

aus dem größten Anbaugebiet Marlborough, eine verlockende Nase von Tropenfrüchten und eine verführerische, schmeichelnde, manchmal etwas vordergründige Frucht. Von dieser einfach zu verstehenden Stilistik können die Menschen auf der Welt gar nicht genug bekommen und verhalfen Neuseeland somit zu einem wahren Sauvignon-Exportboom zu recht stolzen Preisen. Bei den Rotweinen geht Neuseeland einen Sonderweg: Die üblichen Verdächtigen Cabernet, Shiraz & Co. landen weit abgeschlagen auf den Rängen, unumstrittener Rotweinstar ist hier der Pinot Noir. Die Rebe läuft insbesondere im kühlen Gebiet Wairarapa-Martinborough zu großer Form auf, wo einige der weltbesten Pinots Noirs herstammen. Die klassischen Bordeaux-Reben Cabernet Sauvignon, Cabernet Franc und Merlot erbringen die besten Ergebnisse im Anbaugebiet Hawke's Bay.

ARGENTINIEN

Immer bessere Weine mit gutem Gegenwert fürs Geld kommen seit einigen Jahren aus Argentinien. Nationale Rebsortenspezialität ist hier der Malbec, aus dem würzige, charaktervolle Rotweine entstehen. Die erstklassigen Lagen des Hauptanbaugebietes Mendoza am Fuße der Anden eignen sich aber auch hervorragend für den Cabernet Sauvignon. Weiter nördlich, aus San Juan, kommt glutvoller und würziger Shiraz. Die kühler gelegenen Weinberge in Patagonien liefern eleganten Pinot Noir und spritzigen Sauvignon

blanc. Die meist angebaute Weißweintraube heißt Torrontés, deren parfümiertes, etwas muskatiges Bukett aber nicht jedermanns Sache ist.

CHILE

Chile bietet für hochwertigen und kostengünstigen Weinbau ideale Voraussetzungen. Einfach und preiswert: die in Deutschland gefüllten Supermarkt-Cabernets. Wer etwas mehr Geld ausgibt, bekommt immer noch günstige Cabernet Sauvignons – einige zählen mittlerweile sogar zur Weltspitze. Die große rote Spezialität des Landes ist der Carmenère, der charmante Weine mit schöner Frucht und weichen Tanninen ergibt.

USA

Zwar wird in allen Bundesstaaten der USA Weinbau betrieben, über 90% der Weine stammen jedoch aus Kalifornien. Die bekanntesten Anbaugebiete hier, mit Weinen, die teilweise zur Weltspitze zählen, sind das Napa Valley und das Sonoma Valley. Die besten Weine von dort sind jedoch teuer und werden überwiegend in den USA selbst konsumiert. Neben den bekannten Rebsortenweinen aus Cabernet, Merlot und Chardonnay punktet Kalifornien hauptsächlich mit einer regionalen Spezialität: dem Zinfandel. Die besten sind überaus würzige, konzentrierte und alkoholstarke Rotweine. Der gelegentlich anzutreffende »White Zinfandel« ist weniger anspruchsvoll: ein ziemlich lieblicher Rosé, der gerne auf Eis getrunken wird.

Gesegnetes Land: Kalifornien hat alles und noch viel mehr, was Weinreben benötigen.

KAPITEL 6

VOM UMGANG MIT WEIN

WEINKULTUR FÜR MEHR GENUSS

Wie beim Wein im Allgemeinen, wird auch um die Weinkultur häufig ein ziemlicher Wirbel veranstaltet: Lassen Sie sich davon bloß nicht verrückt machen! Im Grunde gehört gar nicht viel dazu, um zu Hause Ihre Lieblingsweine mit Freunden und Familie so zu genießen, dass alle die größtmögliche Freude damit haben. Dazu brauchen Sie keine teuren Weinklimaschänke, keinen mundgeblasenen Kristallschwenker und keine Armada von verschiedenen Weingläsern, die Ihnen nur die Schränke verstopfen. Eigentlich ist auch hier wieder alles ganz einfach – wenn Sie ein paar Dinge beachten.

DIE GLÄSER

Das richtige Glas spielt schon eine bedeutende Rolle, wenn es um Weingenuss geht. Das Schöne dabei: Wirklich gute, dem Wein absolut dienliche Gläser gibt es schon für relativ moderate Preise.

WAS SOLLTE EIN GUTES WEINGLAS MITBRINGEN?

Ganz wichtig: Ein gutes Weinglas muss relativ dünnwandig sein. Den Glasrand können Sie sich wie eine Mauer vorstellen, der zwischen dem Wein und Ihrem Gaumen steht. Je dicker diese Mauer ist, desto hinderlicher ist das also Ihrem Genusserlebnis. Erinnern Sie sich noch an diese dicken, geschliffenen Gläser aus böhmischem Bleikristall, die damals so teuer waren, und auf die Oma oder Großtante immer so stolz war? Wenn die zu besonders hohen Feiertagen nach langer Verweildauer aus dem Schrank mit der Möbelpolitur geholt und mit Wein gefüllt wurden, dann wurde so ziemlich alles falsch gemacht, was man falsch machen konnte. Denn Gläser muffen in Schränken ganz schön. Und bis ein Wein gegen ein dickes, muffiges Glas im wahrsten Sinne des Wortes anstinken (oder anriechen) kann, ist schon so manch geruchlich und geschmacklich arg verstümmelter Tropfen die Kehle hinuntergeflossen. Farbige Gläser, Gläser mit Verzierungen, Gläser mit eingeschliffenen Rauten, Rhomben und Rätselhaftem sind generell ungeeignet. Was dem Weingenuss ebenfalls hinderlich ist, sind zu kleine Gläser: Jeder Wein, der einigermaßen etwas auf sich hält und mit einer gewissen Geruchs- und Geschmacksfülle aufwarten kann, braucht Raum, um sich zu entfalten. Wird er in einem dieser winzigen Kelche serviert, wie sie hin und wieder anzutreffen sind, sind die Aroma- und Geschmacksstoffe regelrecht gefangen: Sie rütteln und zerren an den Glaswänden, möchten sich gerne entfalten, aber kommen nicht raus. Dieses Schicksal sollten Sie jedem wirklich guten und auch jedem zumindest anständigen Wein tunlichst ersparen. Nicht gut ist es auch, wenn Weingläser nach oben hin zu weit auseinanderstreben: Dann verflüchtigt sich der Duft des Weines in den Raum hinein.

WIE VIELE VERSCHIEDENE WEINGLÄSER BRAUCHE ICH?

Die Glasindustrie, fleißig, wie sie ist, hat unzählige verschiedene Glas-Serien entwickelt, die pro Serie bis zu zwanzig (!) unterschiedliche Glastypen »für jeden Wein und für jeden Anlass« enthält. Natürlich versuchen die Hersteller, den Eindruck zu erwecken, dass der gepflegte Gastgeberhaushalt mindestens acht bis zehn verschiede-

ne Gläser benötigt, um allen Wein-Eventualitäten gerecht zu werden. Möglichst mundgeblasen natürlich und schön teuer. Wer genügend Schrankplatz und Kleingeld hat, kann sich hier also richtig austoben und locker ein paar tausend Euro versenken. Für etwas bodenständigere Ansprüche geht es aber auch wesentlich einfacher. Der normale Genießerhaushalt kommt prima mit drei verschiedenen Sorten von Weingläsern zurecht:
– Weißweingläser
– Rotweingläser
– Sekt- und Champagnergläser

Dabei ist darauf zu achten, dass die Gläser die richtige Form und Größe haben. Nicht notwendig, aber ein schöner Luxus sind mundgeblasene Gläser. Sie haben noch dünnere Glaswände als gute maschinengeblasene Gläser, sind aber häufig empfindlicher und, heutzutage auch ein wichtiger Aspekt, zum Teil auch nicht spülmaschinengeeignet. Sehr billige Pressgläser sollten Sie, außer für große Gartenpartys, nicht verwenden – die sind einfach nicht schön; außerdem ist die Glaswand in aller Regel viel zu dick und der Wein lässt sich zumeist nicht schwenken. Man erkennt sie an der etwas trüberen Glasstruktur und einem dicken Glasrand. Vernünftige Glas-Serien bieten renommierte Hersteller wie Schott-Zwiesel, Spiegelau, Riedel oder Stölzle. Manche Glas-Serien sind modisch und überdesignet – daran sieht man sich schnell satt.

Das Glas hat wesentlichen Anteil daran, dass sich die Weinaromen entfalten können.

Glas-Serien
Alle guten Produzenten haben klassische Glasreihen im Angebot, die sich formal mehr oder weniger ähneln. Sinnvoll ist es, sich für eine Serie eines Herstellers zu entscheiden und diese dann immer wieder nachzukaufen – das erspart Kraut und Rüben im Glasschrank und sieht auf dem Tisch auch besser aus.

Weißweingläser

Burgunder-Rotweingläser

Bordeauxweingläser

Ein gutes Weinglas sollte dünnwandig sein, einen einigermaßen langen Stiel haben und sich tulpenförmig nach oben verjüngen, um den austretenden Duft- und Aromastoffen erst Raum zur Entfaltung zu geben und sie dann wieder zu bündeln.

DAS WEISSWEINGLAS

Entscheiden Sie sich für ein Glas mittlerer Größe, denn damit haben Sie ein Universalglas, das schon mal ganz viel abdeckt: leichte bis mittelschwere Weißweine, Rosés und leichte, kühl zu genießende Rotweine wie z.B. Trollinger oder Beaujolais.

DAS ROTWEINGLAS

Hier kommt eine Gewissensentscheidung auf Sie zu: Eher die Bordeaux- oder eher die Burgunderform? Burgundergläser sind in der Mitte etwas bauchiger, die Bordeauxform ist schlanker und verjüngt sich nach oben leicht; sie ist stellvertretend für das »klassische« Rotweinglas. Wenn Sie kein ausgesprochener Burgunderfreak sind, ist die Bordeauxglasform die universellere, weil sie neben den Bordeaux-Rebsorten Cabernet und Merlot auch fast alle anderen Rotweine wie Shiraz (Übersee, Rhône), Tempranillo (Spanien) die italienischen Rotweine wie Sangiovese und die meisten unbekannteren Rotweinsorten wie die aus Portugal oder Griechenland ganz gut mit abdeckt. Ausnahme hier ist die piemontesische Nebbiolotraube (Barbera, Barbaresco), die meist besser im Burgunderglas zur Geltung kommt, wo sich ihre Armonen besser entfalten können. Wenn Sie also Barolo- oder Burgunderfan sind: Wählen Sie das Burgunderglas. Für 98 Prozent der Weinfreunde ist aber die klassische Bordeauxglasform vorzuziehen.

WAS KOSTET MICH EIN GUT BESTÜCKTER GLÄSERSCHRANK?

Gar nicht so viel, wie Sie vielleicht befürchten. Gute, dünnwandige maschinengeblasene Weingläser gibt es bereits ab ca. 6 € pro Glas. Bei mundgeblasenen Gläsern beginnt der Spaß (nach oben offen) ab ca. 15 € pro Glas, aber, wie gesagt, dass muss nicht unbedingt sein. Wenn Sie also nicht ständig Riesenpartys veranstalten und mit sechs Gläsern pro Sorte auskommen, brauchen Sie genau 18 Gläser: Sechs mal weiß, sechs mal rot und sechs mal Sekt. Sie können somit für etwas mehr als 100 € Ihren Glasschrank so bestücken, dass Sie für – fast – alle Eventualitäten gewappnet sind. Wenn Sie es richtig krachen lassen wollen, gönnen Sie sich noch den Luxus von Bordeaux- und Burgundergläsern. Dann sind Sie schon ziemlich gut davor.

DAS VINIEREN – IHR SCHLÜSSEL ZUM SOFORTIGEN WEINGENUSS

Während viele Rituale rund um den Wein ziemlich überschätzt werden, gibt es eines, das Sie unbedingt beherzigen sollten. Das »Vinieren« der Gläser. Der Grund: Es gibt nichts, was so einfach geht, so wenig Aufwand verursacht und so unmittelbar zur sofortigen Genusssteigerung beiträgt. Und so funktioniert's: Wenn Sie einen Wein einschenken möchten nehmen Sie sich das erste Glas und schenken einen Schluck Wein ein. Nun drehen Sie diesen Schluck Wein so im Glas, dass

1) Schenken Sie einen kleinen Schluck Wein ins erste Glas.

2) Drehen Sie das Glas mit dem Schluck Wein einmal komplett um die eigene Achse, bis die Glaswände vollständig mit Wein benetzt sind.

die gesamte Glaswand einmal vollständig benetzt wird. Das ist wichtig! Anschließend geben
Sie diesen Schluck Wein ins nächste Glas und
wiederholen die ganze Prozedur. So verfahren Sie
mit allen Gläsern am Tisch. Den Schluck Wein geben Sie zum Schluss wieder in das Ausgangsglas
zurück oder Sie schütten ihn einfach weg.

WARUM IST DAS VINIEREN SO WICHTIG?

Das können Sie ganz einfach selber feststellen:
Und zwar, indem Sie ein und denselben Wein
parallel in ein viniertes und ein nicht viniertes
Glas einschenken. Sie werden feststellen, dass der
Wein im vinierten Glas viel lebendiger riecht und
sich viel offener, zugänglicher und verführerischer
präsentiert als der gleiche Wein, der sich im nicht
vinierten Nachbarglas befindet. Dieser Effekt ist
absolut verblüffend und funktioniert immer wieder.

Wenn Sie sich die vermeintlich glatte Glaswand
wie eine Haut vorstellen, sind Sie schon auf der
richtigen Spur: Denn auch Glas ist mehr oder
minder porös und damit höchst empfänglich für
Geruchseinflüsse aus der Umwelt. Der »Klassiker« ist der Schrankton: Wenn Sie Ihre Gläser
zum Beispiel in einem lasierten oder lackierten
Holzschrank aufheben, werden Sie den strengen
Schrankgeruch eins zu eins gespiegelt in Ihren
Gläsern wiederfinden. Und so riecht dann auch
erstmal Ihr Wein, wenn Sie die Gläser nicht vi-
niert haben. Oder Sie haben, was an sich völlig in
Ordnung ist, Ihre Gläser im Geschirrspüler gereinigt. Dann sind noch winzige Spülmittelreste im
Glas. Sie haben Ihre Gläser, wie immer, sorgfältig
mit der Hand gespült und poliert? Dann finden
sich mit Sicherheit im Glas Spuren der Aromastoffe aus dem Waschmittel, mit dem Sie Ihre

3) Nun geben Sie den Schluck Wein in das nächste Glas und machen dort das Gleiche. So verfahren Sie auch mit allen anderen Gläsern.

4) Wenn alle Gläser gleichmäßig mit Wein benetzt sind, schütten Sie den »Vinierschluck« weg oder geben Sie ihn zurück ins erste Glas. Anschließend schenken Sie allen den Wein ein.

Geschirrhandtücher gewaschen haben. Kurzum: Es ist absolut unmöglich, ein völlig geruchsfreies und neutrales Weinglas bereitzustellen. Aber egal, ob Schrank, Geschirrspüler oder Geschirrtuch: Mit dem kurzen »Dreh« des Vinierens sind Sie die Probleme ganz einfach los, und Ihrem Weingenuss steht nichts mehr im Wege!

WORAUF BASIERT DER EFFEKT DES VINIERENS?

Der überwiegende Teil der Geschmackswahrnehmung, gut 80 Prozent, basiert auf Riechen: Stellen Sie sich vor, Sie sind völlig verschnupft und haben vor sich zwei Teller – einen mit mildem Kartoffelpüree und einen mit sehr intensivem Kartoffel-Knoblauch-Püree. Sie werden beim Probieren erstmal keinen Unterschied wahrnehmen, weil ihr empfindlichstes Wahrnehmungsorgan, die

Nase, blockiert ist. Oder, halten Sie sich doch einmal die Nase zu, wenn Sie einen Wein probieren. Sie werden nichts schmecken! Durch das Vinieren ist sichergestellt, dass Sie schon mit der ersten Geruchswahrnehmung den Wein in Ihrem Glas so erleben, wie er ist. Wenn es ein guter Wein ist, wird so das Genusserlebnis unmittelbar gesteigert.

LAGERUNG UND PFLEGE VON WEINGLÄSERN

Im Schrank sollten die Gläser aufrecht stehend möglichst luftig und auf gar keinen Fall mit der Öffnung nach unten ihren Platz haben. Sonst haben Sie nämlich so viel gesammelten Muff in Ihren Gläsern, dass die Genussminderung garantiert ist. Wichtig ist, dass das Glas eigentlich nach gar nichts riecht: kein Spülmittel-Ton, kein Trockentuch samt Waschmittel-Duft, kein Schrankgeruch. Spülmittelrückstände in Schaumweingläsern

Das Weinthermometer zeigt die idealen Serviertemperaturen für Sekt/Champagner, Weißwein und Rotwein zuverlässig an.

können zudem die Perlenbildung vernichten. Viele Weingläser sind mittlerweile auch spülmaschinenfest – das sollte man inklusive Spülmittelbeigabe, regionale Wasserhärte etc. aber im Vorfeld abklären. Was immer geht: mit heißem Wasser von Hand spülen und dann mit einem frischen, sauberen Leinen-Geschirrhandtuch trocknen.

MIT WELCHEN TEMPERATUREN SERVIERE ICH WEIN?

Auf sie muss man unbedingt achtgeben: Denn die falsche Serviertemperatur kann einem Wein regelrecht den Garaus machen. Aber: Auch hier wird nur mit Wasser gekocht.

Auf den ersten Blick erscheint die Sache mit der Temperatur einfach zu sein: Weißwein und Rosé werden kalt, möglichst eiskalt, serviert und Rotweine schön warm – bei »Zimmertemperatur«. Ein bisschen mehr Aufmerksamkeit benötigt der Wein dann doch: Temperaturen unter 6 °C bringen jeden Wohlgeruch oder Wohlgeschmack zuverlässig um die Ecke, bei über 18 °C wird auch der schönste Rotwein alkohollastig, brandig, breit und bräsig. Was also tun?

Sekt, Prosecco, Champagner, leichte Weißweine und leichte Rosés fühlen sich bei Temperaturen von 6 bis 8 °C ganz wohl: Das entspricht in etwa einem hoch eingestellten Kühlschrank, in dem die Flaschen mindestens 24 Stunden zum »Durchkühlen« gelagert wurden. Wenn Sie Ihren Kühlschrank energiesparend niedriger, eher so

bei 10 bis 12 °C, eingestellt haben, können Sie Ihren Sekt oder leichten Weißwein auch noch kurz ins Gefrierfach legen – das bringt ihn nicht um. Mit 10 bis 12 °C haben Sie aber die ideale Temperatur für mittelgewichtige und kräftige Weißweine und Rosés – sie können so am besten ihre Geschmacksfülle entfalten. Diese Temperatur erreichen Sie auch innerhalb weniger Minuten mit den äußerst praktischen Kühlmanschetten, die im Gefrierfach gelagert werden. Mit 12 bis 14 °C können Sie schon ohne Weiteres leichte, helle junge Rotweine servieren. Sie verschaffen, leicht gekühlt, am meisten Freude. Mittelgewichtige und kräftige Rotweine fühlen sich bei 16 bis 18 °C richtig wohl. Das kommt vielen Menschen erstmal zu kühl vor, aber für eine harmonische Geschmacksentfaltung im Glas ist das genau richtig. Wärmer empfehle ich nicht, da bei höheren Temperaturen so manche Duftsubstanzen sich einfach in Luft auflösen. Schade um das gute Tröpfchen.

WIE ERKENNE ICH DIE RICHTIGE WEINTEMPERATUR?

Mit der Zeit entwickelt man eigentlich ein ganz gutes Gefühl für die richtigen Weintemperaturen. Aber wenn Sie sich noch etwas unsicher sind können Sie am Anfang noch messen – am besten mit einem Thermometer mit Glas- oder Metallfühler, das Sie in die geöffnete Flasche halten können. Weniger gut geeignet sind Temperaturmess-

HERRSCHAFTSWISSEN ZUM ANGEBEN

Die »Zimmertemperatur«

Das ist Ihnen vielleicht auch schon mal passiert: Sie haben sich beim Italiener einen schönen schweren Rotwein bestellt. Die Flasche, die vorher stolz präsentiert neben dem Pizzaofen stand, kommt sozusagen »handwarm« auf den Tisch – und von Ihrem teuer bezahlten Tröpfchen sind Sie sehr enttäuscht, weil er breit, plump und alkoholisch schmeckt. Wenn Sie dann gefragt haben, ob es nicht etwas kühler ginge, durften Sie sich vom Ober belehren lassen, dass man Rotwein ja schließlich »bei Zimmertemperatur« serviere.

Der Begriff »Zimmertemperatur« für Rotwein stammt aber aus einer ganz anderen Zeit, nämlich dem Mittelalter, als Mönche und Adelige die Vorreiter der Wein-Trink-Kultur waren. Diese lebten in kühlen Klöstern und Schlössern, wo auch im Sommer die Raumtemperaturen selten über 16 °C anstiegen – vom Winter ganz zu schweigen. Mit unseren verbreiteten zentralgeheizten 22 °C-Räumen hat das nichts zu tun. Das heutige Raumklima ist für Weine generell zu warm. Am ehesten trifft der klassische Begriff Zimmertemperatur wohl auf die heutige Kellertemperatur zu: Wenn Sie also einen kühlen Keller oder eine kühle, gut belüftete Speisekammer haben, hat Ihr Rotwein darin wahrscheinlich die ideale Serviertemperatur.

Für jeden Geschmack und jede Art von Vorlieben für Hebelverhältnisse etwas dabei: Korkenzieher können vielleicht nicht perfekt, dafür für den Menschen passend sein.

Dekantieren unterstützt die Weinaromen – und die Vorfreude darauf.

manschetten, die man um die Flasche klemmt, da man so zwar die Temperatur des Außenglases, aber nicht die des Inhaltes ermittelt.

Schick, aber teuer sind Weinklimaschränke mit verschiedenen Klimazonen für Sekt und Champagner, leichte Weiße und Rosés, kräftige Weiße und Rosés, leichte, mittelgewichtige und kräftige Rotweine. Mit so einem Gerät sind Sie immer auf der sicheren (Genuss-)Seite.

SINN UND UNSINN DES DEKANTIERENS

Gute, reichhaltige und vielschichtige Weine brauchen Luft, um ihre Komplexität zu entfalten. Viel Luft, vor allem, wenn sie noch relativ jung sind. Für diesen Zweck gibt es Dekantierkaraffen. In sie kann man solche besonderen Weine umfüllen, damit sie »atmen« können und ihre Aromen schneller entwickeln. Dekanter gibt es in den verschiedensten Formen und Versionen. Bewährt

hat sich vor allem die sogenannte Toskanaform, weil sie eine sehr breite Oberfläche für den Wein mit einer sehr engen Öffnung verbindet. Der Wein entfaltet sich also in der Karaffe. Dekantierkaraffen machen vor allem bei wirklich edlen, meist teuren, relativ jungen und verschlossenen Weinen Sinn. Dies nicht nur für Rotweine, sondern auch für sehr komplexe und reiche Weißweine, wie beispielsweise Premiers und Grands Crus aus dem Burgund oder voluminöse, barriquegereifte Übersee-Chardonnays.

Alles, was Sie normalerweise so für bis zu 10 bis 15 € pro Flasche einkaufen können, bedarf des Dekanters in der Regel nicht. Auch wenn Sie irgendwo noch einen hochwertigen sehr alten Wein vergraben haben, den Sie nun feierlich öffnen möchten: Vergessen Sie den Dekanter! Alte Weine sind ja in der Flasche durch den jahre- und jahrzehntelangen Lufteinfluss schon sehr weit herangereift – und wenn man sie dann noch der

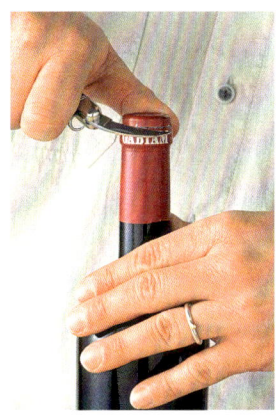

1) Die Kapsel ein Stück unterhalb der Flaschenmündung abschneiden.

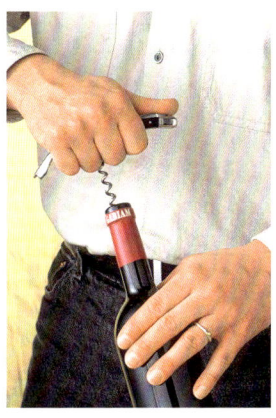

2) Den Korkenzieher in den Kork drehen.

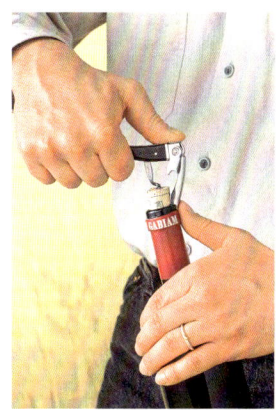

3) Den Korkenzieher am Flaschenhals ansetzen.

4) Der Hebel macht's – den Korken herausziehen.

Strapaze des Dekantierens unterzieht, verfliegen die verbliebenen Aromen im Handumdrehen. Früher war es üblich, edle Rotweine über einer Kerze allmählich in den Dekanter laufen zu lassen. Der Grund war, dass diese Roten meist nicht oder nur sehr wenig filtriert wurden und somit nach einigen Jahren ein »Depot« aus Trübstoffen am Flaschenboden bildeten. Das wollte man natürlich nicht im Glas haben, und durch die Kerze konnte man ganz gut erkennen, wo der klare Wein aufhörte und die Trübung anfing. Viele Jahre wurden dann weltweit fast alle Rotweine filtriert. In den letzten Jahren sind aber die besten Rotweinwinzer wieder vermehrt dazu übergegangen, das Filtrieren ganz oder teilweise sein zu lassen, weil damit auch wertvolle Geschmacks- und Aromastoffe verloren gehen. Wenn Ihnen aber nun ein alter Rotwein mit Depot unterkommt: Gießen Sie ihn dennoch lieber sorgfältig direkt aus der Flasche ein, um die restlichen Frucht- und Duftkomponenten zu erhalten.

DER PERFEKTE KORKENZIEHER

Es gibt hunderte von verschiedenen Korkenzieher-Systemen, sinnvolle und weniger sinnige. Glücklicherweise ist darunter der perfekte Korkenzieher, auf den Sommeliers und Kellner in aller Welt schwören: Das Pulltap-Kellnermesser. Dieser hat eine innen hohle Spirale, die überdies gehärtet und teflonbeschichtet ist. Zudem verfügt er über ein richtig scharfes Kapselmesser und einen patentierten Doppelheber, der Korkbruch zuverlässig vermeidet. Zudem ist er recht preiswert: je nach Anbieter bekommen Sie ihn für 7 bis 10 Euro.

WEIN EINLAGERN

Es hält sich ja hartnäckig das Gerücht, dass Wein mit dem Altern besser wird. Für über 95 Prozent aller Weine trifft das nicht zu. Im Gegenteil: Gerade das Gros der preiswerten, einfachen Konsumweine schmeckt jung am besten. Das gilt auch für die preisliche Mittelklasse. In der Regel können Sie davon ausgehen, dass Weine, die bis zu 10 € die Flasche kosten, beim Kauf trinkfertig sind und sich nach einiger Zeit geschmacklich eher nach unten entwickeln. Das gilt für Weißwein, Rosé und, mit Ausnahmen, auch für Rotwein. Von daher ist es auch nicht sinnvoll, sich zu Hause riesige Weinlager anzulegen.

Die Ausnahme sind große, kostspielige Weine, die sich erst im Laufe der Jahre entfalten. Dafür gibt es einen speziellen Markt mit einer kapitalkräftigen weltweiten Sammlerschar. Auch hier kann man allerdings Enttäuschungen erleben: Viele sehr teure und angesagte Weine altern längst nicht so gut, wie einst prognostiziert. Für Ihren normalen, täglichen Genuss ist es allemal am besten, wenn Sie öfter frische Weine nachkaufen. Wenn Sie sich allerdings doch einen größeren Weinvorrat anlegen: Wein liebt keine Temperaturschwankungen und kein Licht. Er sollte also möglichst dunkel bei konstanter, eher kühler Temperatur eingelagert sein. Flaschen mit Naturkork lagern Sie am besten liegend, damit der Korken nicht austrocknet und somit vorschnell Luftzufuhr gewährt. Flaschen mit Schraubverschluss können gerne stehend und lichtgeschützt im Originalkarton verweilen. Flaschen mit Plastikkorken sollte man schnell konsumieren – sie altern am zügigsten. Wichtig ist, den Wein vor Fremdgerüchen zu schützen: Bestandteile von Lösungs- und Putzmitteln, Möbelpolituren oder Heizöl können sich über den Korken in den Wein einschleichen. Vibrationen mag Wein überhaupt nicht. Deshalb sind auch der Kellerraum über dem U-Bahn-Schacht oder normale Kühlschränke für lange Weinlagerung ungeeignet. Anders verhält es sich mit vibrationsarmen speziellen Weinklimaschränken, die allerdings ins Geld gehen. Aber wenn Sie Ihre Weine für den täglichen Genuss immer »stand by« nachkaufen und innerhalb eines Vierteljahres konsumieren, brauchen Sie sich mit all den lästigen Lagerproblemen gar nicht erst herumzuschlagen.

GÄSTE MIT WEIN BEWIRTEN

Sie haben Freunde zu einem netten Abend mit Essen und Wein nach Hause eingeladen. Kleine Anregung, sowohl für das Essen als auch für den Wein: Nehmen Sie sich nicht zu viel vor und machen es sich nicht zu kompliziert – Ihre Gäste kommen auch, oder hauptsächlich, Ihretwegen. Wenn Sie den ganzen Abend hektisch in der Küche hantieren, dauernd zum Weinholen in den Keller verschwinden, ein Glas nach dem anderen nachpolieren und komplizierte Speisenfolgen – alle à la minute zubereitet – kredenzen, sind Sie für Ihre geladenen Freunde wahrscheinlich nicht der gelassenste Gesprächspartner. Aber wenn Sie als erste Appetithappen ein paar leckere Pasten oder Antipasti vom Italiener, Griechen oder Türken besorgt haben, dann mit einem leicht zuzubereitenden Fischgang fortfahren und als Hauptgericht vielleicht ein schönes Schmorgericht à la Coq au Vin, Gulasch oder Ossobuco anbieten (was vorbereitet werden kann und dann seiner Vollendung alleine entgegenschmurgelt), sieht die Welt schon viel entspannter aus.

Zur Wein-Dramaturgie: Generell wird gerne kolportiert, dass man die Abfolge der Gewächse hin von weiß zu rot und von leicht zu schwer gestalten sollte. Das ist grundsätzlich nicht ganz falsch, weil sich ein kraftvollerer auf einen leichten Wein besser präsentiert als umgekehrt. Außerdem hat es – in aller Regel – ein Weißwein nach einem Rotwein schwerer, sich gegen die Gerbstof-

Weinproben im Freundeskreis sind zumeist schöne und interessante Veranstaltungen, noch dazu, wenn ein jeder aufgefordert ist, einen Wein mitzubringen.

fe im Gaumen durchzusetzen. Konsequent durchgezogen führt es aber zu Folgendem: Der Abend beginnt mit beschwingten, leichten Weißen, dann wird es kräftiger, dann kommen die Roten, die werden auch immer schwerer und schwerer – und am Ende hängen alle, schier erschlagen von der Wucht der wertvollen Weine, mehr oder weniger narkotisiert in der Ecke. Und die am Beginn des Abends so sprühende Konversation erlahmt zusehends. Was also tun? Mein Tipp: Durchbrechen Sie nach dem Hauptgang die Konvention! Legen Sie Ihren Gästen nahe, nach dem letzten, kräftigen Rotwein einen großen Schluck Wasser und etwas Brot zu nehmen – das neutralisiert und erfrischt den Gaumen. Sorgen Sie ohnehin dafür, dass immer ausreichend, vorwiegend stilles, Mineralwasser bereitsteht. Und dann bieten Sie denjenigen, die Lust darauf haben, nach dem

letzten kräftigen Rotwein einen schönen, spritzigen, und belebenden Weißwein an. Sie werden es erleben: Ihre Gäste werden schlagartig wieder munter, die Gespräche fließen frohgemut dahin, und der Abend kann noch lange seinen harmonischen Verlauf nehmen. Das Gleiche geht übrigens auch, wenn Sie zum Abschluss des Mahles ein Dessert mit einem Süßwein aufgetischt haben – wichtig ist auch hier nur ausreichend Wasser und Brot zwischendurch. Was übrigens vor wie nach dem Essen immer funktioniert: ein belebender Champagner, Cava, Crémant oder Winzersekt.

WEINBESTELLUNG IM RESTAURANT

Es soll ein romantischer Abend werden. Zu zweit schick essen gehen, in einem lauschigen Restaurant, dessen Küche landauf, landab gerühmt wird. Ihr Gegenüber sagt arglos »Du interessierst dich doch für Wein, such mal was Schönes zum Essen aus!« Nun sitzen Sie also vor einer imposanten, 200-seitigen, in Leder gebundenen Weinkarte – und verstehen nur Bahnhof. Zwei, drei Namen kommen Ihnen bekannt vor (ärgerlicherweise die richtig teuren) – aber ansonsten stehen Sie vor ungelösten Rätseln.

DER SOMMELIER, DEIN FREUND UND HELFER

Auf gar keinen Fall »so tun als ob«: Also als ob Sie die absolute Ahnung hätten, mit den berühmtesten Erzeugern auf vertrautem Fuße stehen und mit traumwandlerischer Sicherheit den perfekten Tropfen zu Ihren Gerichten finden. Damit setzen Sie sich selber nur unnötig unter Stress. In einem guten Restaurant wird es sicherlich eine Sommelière oder einen Sommelier geben, vulgo: eine Weinkellnerin oder einen Weinkellner. Deren Aufgabe ist es, Ahnung zu haben – nicht Ihre. Machen Sie sich also Ihre Weinberaterin oder Ihren Weinberater im Restaurant zu Partnern, auf deren Kompetenz Sie vertrauen. Die Zeiten, in denen Sommeliers häufig blasierte Herrschaften waren, die gerne mal dazu neigten, ihre Gäste wichtigtuerisch zu belehren, sind weitgehend passé. Ursächlich dafür sind im Wesentlichen zwei parallele Trends: Zum einen hat sich das Thema »Wein« deutlich verjüngt und ist ausgesprochen trendy geworden. Immer mehr junge Menschen, die in der Gastronomie tätig sind, entdecken ihr Faible für den vergorenen Reben-

Wein ist mehr als ein Getränk. Für Weinliebhaber ist es eine eigene Welt.

saft und bilden sich kontinuierlich weiter. Zum anderen gibt es seit Jahren immer mehr weibliche Weinprofis im Service, und Frauen neigen weitaus mehr als Männer zum freundlichen Beraten anstatt zum Belehren. Erzählen Sie also einfach, was Sie sonst gerne trinken, um Ihrem Gegenüber eine Orientierung über Ihren Geschmack zu geben.

GELD SPIELT EBEN DOCH EINE ROLLE!

Scheuen Sie sich nicht, Preisobergrenzen zu definieren! Teuren guten Wein verkaufen kann jeder. Wer Ihnen unbedingt einen Wein aus der 80- oder gar 100 €-Liga andrehen will, hat sich eigentlich schon disqualifiziert. Die wahre Kunst besteht darin, Ihnen eine Neuentdeckung, ein Preis-Genuss-Wunder oder eine überraschende Kombination zwischen Speisen und Wein zu empfehlen. Und heute gibt es selbst in den meisten Sternerestaurants empfehlenswerte Weißweine für unter 30 € und gute Rote für unter 40 € pro Flasche.

Häufig werden gerade in den besseren Restaurants auch eigens auf die aktuelle Menükarte abgestimmte Weine glasweise angeboten. Meist eine gute Wahl: Derjenige, der das ausgesucht hat, kennt in der Regel die Gerichte wie auch die Weine und hat sich bei der Zusammenstellung um größtmögliche Harmonie bemüht. Sie können so mehr verschiedene Weine entdecken und erleben. Und Sie genießen entspannt Ihren Abend mit Ihrem Gegenüber.

DER TEUERSTE WEIN IST NICHT IMMER DER BESTE!

Trinken Sie gerne leichte, frische Weißweine oder leckere, unkomplizierte Rote? Das ist prima, denn das schont Ihr Portemonnaie beim Essengehen! Häufig sind die frischesten und jüngsten Weine auf der Karte auch die günstigsten. Ein jahrelang gereifter Riesling »Großes Gewächs« aus Deutschland, ein alkoholstarker Grüner Veltliner »Smaragd« aus der Wachau, ein betagter weißer oder roter Grand Cru aus dem Burgund oder ein alter, berühmter Château-Wein aus Bordeaux kosten auf den Weinkarten zwar meist ein Höllengeld – sie müssen aber nicht die wirklich passenden Begleiter zu Ihrem Gericht oder dem Menue sein.

Und: Vorsicht vor Weinleichen! In Restaurants gilt das Gleiche wie im Weinladen oder Supermarkt. Die meisten Weine werden mit dem Alter nicht unbedingt besser! Vorsicht ist also angesagt bei der Weinkarte – vor allem, wenn da noch jede Menge altehrwürdige Weißweine (möglichst zu noch ehrwürdigeren Preisen) prangen.

ZU VIEL OFFENHEIT IST NICHT IMMER GUT

Es ist zwar ganz schön, wenn Sie in einer Kneipe, einem Restaurant oder einer Weinbar eine gute Auswahl an offenen Weinen vorfinden – ist diese jedoch zu groß, geht der Schuss auch gerne mal nach hinten los. Der Grund: Ein Wein, der einmal geöffnet ist, sollte tunlichst innerhalb von zwei Tagen verbraucht sein. Und bei 40, 60 oder gar 80 glasweise ausgeschenkten Positionen ist es höchst unwahrscheinlich, dass dies bei allen Weinen auch tatsächlich der Fall ist. Die Chance, an einen müden, ausgelaugten und oxidierten Wein zu geraten, ist hier also besonders groß. Und hat eine offene Flasche Weißwein erstmal eine lange Nacht im muffigen Kühltresen hinter sich, wo sie begierig alle Fremdgerüche aufsaugt, ist sie am nächsten Abend unter Garantie kein Genuss mehr.

DER GRIFF ZUR FLASCHE

Dann greifen Sie lieber zur ganzen Flasche. So laufen Sie nicht Gefahr, sich beim Service unbeliebt zu machen, wenn Sie ein Glas nach dem anderen des verstorbenen Weins zurückgeben. Versuchen Sie beim Rotwein zudem, einen kellerkühlen zu bekommen. Klappt nicht? Dann scheuen Sie sich nicht, einen Eiskübel zu erfragen und die Flasche Rotwein darin ein paar Minuten runterzukühlen. Warm wird der Wein dann schon von alleine wieder. Und wenn man Ihnen daraufhin pikiert weismachen will, dass man Rotwein ja »bei Zimmertemperatur« serviert – verweisen Sie auf die alten Mönchsklöster (S. 137). Etwas anders sieht es aus, wenn die Flaschen unter Sauerstoffausschluss in einem speziell für Ausschankzwecke konstruierten Klimaschrank stehen – dann halten sie länger durch.

(S. 137)

Wein im normalen Gasthaus oder bei Exoten
In einfacheren Gasthäusern oder nicht so Weinversierten Restaurants, gibt es meist keine kompetente Weinberatung. Hier orientieren Sie sich möglichst an dem, was Sie sonst auch gerne trinken und hoffen, dass der Chinese, Inder, Thai oder Koreaner Ihres Vertrauens zumindest einen guten Weinhändler hat. Kommt Ihnen die ganze Weinauswahl zutiefst unterirdisch vor (vier Jahre alter Chardonnay aus Norditalien, seltsame Tafelrotweine etc.) – trinken Sie lieber ein Bier.

Besonders empfehlenswert: Wein gemeinsam genießen.

KAPITEL 7

GESCHMACKSSACHE

WENN AUGEN, NASE UND GAUMEN DAS SAGEN HABEN

Dieses Bild kennen Sie bestimmt auch: Den Weinkenner, der seine Nase tief im Weinglas vergräbt, geräuschvoll einen Schluck nimmt, um der Runde sodann unaufgefordert an die dreißig Aromen aufzuzählen und auch den Abgang ausgiebig zu würdigen. So möchten Sie nicht sein.

VON DER RICHTIGEN »ANSPRACHE«

Andererseits ist es auf die Dauer ziemlich unbefriedigend, für die Beschreibung eines Weins nur das Vokabular ›lecker‹ oder ›unlecker‹ zur Verfügung zu haben. Ihren eigenen Geschmack zu schulen, Aromen zu erkennen und einzuordnen: Das bringt Spaß, ermöglicht Ihnen ein tieferes Eintauchen in die Welt des Weins und eröffnet Ihnen ein Mehr an Genuss. Amüsanterweise heißt der Fachbegriff für die Weinbeschreibung ›Ansprache‹. Vielleicht nehmen das einige einfach ein bisschen zu wörtlich.

AUGENWEIDE – DIE FARBEN

Das Auge trinkt mit. Ein in verführerischem Rubin funkelnder Rotwein lockt mehr als ein blassroter oder undurchdringlich schwarzroter. Leider sagt eine schöne Farbe nur wenig über den Geschmack eines Weins aus. Ganz grob gilt bei Rotweinen, dass dunklere Weine intensiver und konzentrierter schmecken. Allerdings gibt es so viele Ausnahmen von dieser Regel, dass sie letztlich in die Irre führt. Der berühmte italienische Barolo, einer der intensivsten Weine überhaupt, ist gerade mal granatrot – manch schlichter Dornfelder hingegen erstrahlt im tiefsten Purpur.

Etwas enger ist der Zusammenhang zwischen Farbe und Geschmack bei Weißweinen. Der knackige Sauvignon blanc ist tatsächlich häufig grüngelb, der frische Riesling oft zitronengelb und schwere Weißweine gehen ins Goldgelbe. Letzteres kann allerdings auch ein Zeichen für ein überaltertes, oxidiertes Tröpfchen sein oder für ein banales Weinchen, das mit Eichenspänen aufgepeppt wurde.

Während die Farbe an sich also kein Qualitätsmerkmal ist, sind Trübungen oder Ausflockungen Indizien für einen fehlerhaften Wein. Ausnahmen sind hochwertige Rotweine, die ungefiltert abgefüllt wurden – das steht meistens auf der Flasche – oder sehr alte gereifte Weine, die ein sogenanntes Depot gebildet haben: feste Teilchen, die sich am Flaschenboden absetzen.

Also: Farbe und Geschmack haben erst mal wenig miteinander zu tun. Wenn Sie Ihren Lieblingswein dennoch nach dem Ton auswählen möchten, können Sie sich an der Abbildung orientieren.

DIE WICHTIGSTEN WEINFARBEN

WEISSWEIN

Grüngelb	Sauvignon Blanc
Zitronengelb	Riesling
Strohgelb	Weißburgunder
Goldgelb	Übersee-Chardonnay

ROTWEIN

Granat	Nebbiolo (Barolo)
Rubin	Tempranillo, Merlot
Ziegelrot	Cabernet Sauvignon
Purpur	Dornfelder, Barbera

SCHNUPPERN, SCHNÜFFELN, RIECHEN – DIE AROMATHERAPIE

Sie können Wein natürlich auch aus Wassergläsern trinken. Es gibt sogar Situationen, da gibt es nichts Besseres. Der Regelfall sollte allerdings ein zu einem guten Drittel gefülltes, tulpenförmig sich nach oben verjüngendes und so die aufsteigenden Aromen bündelndes Weinglas sein. Denn nur so können Sie das für den Weingenuss wich-

DAS LIMBISCHE SYSTEM

1 Riechepithel

2 Riechkolben

3 Tractus olfactorius

4 Piriformer Cortex

5 Thalamus

6 Hypothalamus

7 Hippocampus und Amygda

tigste Sinnesorgan optimal einsetzen: Ihre Nase. Der ganz überwiegende Teil der Geschmackswahrnehmung, rund 80 %, besteht aus Riechen. Einige Hundert unterschiedliche Aromen kann eine geschulte Nase im Wein entdecken. Die Zunge hingegen ist auf süß, salzig, sauer, bitter, herzhaft, japanisch: umami, und fettig beschränkt.

ORGAN AUS DER URZEIT: DAS LIMBISCHE SYSTEM

Aber warum ist der Geruchssinn so wichtig für den Genuss? Die Gründe dafür sind in der Frühzeit der Entstehung des menschlichen Gehirns zu finden. Jeder Mensch weiß, wie sehr Gerüche Erinnerungen wecken und Emotionen beeinflussen können. Sie riechen gebrannte Mandeln – und schlagartig ist eine längst verschollen geglaubte Erinnerung an einen Jahrmarkt aus Ihrer Kindheit wieder da, mitsamt allen damit verbundenen Gefühlen. Oder jemand benutzt ein bestimmtes Rasierwasser oder Parfum, dass Sie an einen ehemaligen Lebensgefährten erinnert: Schon ersteht der– oder diejenige, ob Sie wollen oder nicht, vor Ihrem inneren Auge. Ursächlich dafür ist das limbische System im Gehirn, das zu dessen entwicklungsgeschichtlich ältesten Bestandteilen gehört und unter anderem die Geruchswahrnehmung und einen Großteil der Emotionen steuert. Deswegen macht es uns glücklich, wenn etwas richtig gut riecht. Und deshalb sollten Sie einem wohlriechenden und wohlschmeckenden Wein mit dem

sorgfältigen Vinieren auf die Sprünge helfen – die Belohnung für Sie und Ihre Gäste erfolgt unmittelbar und sofort!

Was bringt es Ihnen aber nun, unterschiedliche Aromen zu erriechen und benennen zu können? Eine einfache Frage, auf die es eine hochphilosophische Antwort gibt: Wofür wir keine Worte haben, das existiert auch nicht. Erst mit dem Erkennen und Differenzieren von Aromen kommen wir dem Geschmack von großen, komplexen Weinen auf die Spur und lernen, diese wirklich zu genießen. Passiv ist das nötige Wissen übrigens bei fast allen Menschen vorhanden. Sie kennen vielleicht das Phänomen, dass jemand in der Runde bemerkt, der Wein riecht z. B. nach Ananas. Und obwohl Sie es selbst vorher nicht so empfanden, haben sie plötzlich eine saftige Ananasnote in der Nase. Massive Fehltöne wie z. B. der stechende Korkschmecker oder der sogenannten Böckser, also der Geruch nach faulen Eiern, können den Genuss verderben. Ansonsten gilt: Es gibt keine guten oder schlechten Aromen, nur unterschiedliche Geschmäcker! Ob Sie einen Rotwein mit kräftigen Noten von Tabak und Autoreifen als angenehm empfinden, hängt nicht zuletzt davon ab, ob Sie Raucher sind oder Motorsportfan.

PRAKTIKABLES HILFSMODELL – AROMENRAD

Als praktikable Übersicht für die immense Vielfalt hat sich das Aromarad durchgesetzt. Es ermög-

Hintenrum durch die Nase
Wenn die Zunge tatsächlich nur die bekannten sechs Grundgeschmacksrichtungen wahrnehmen kann – warum schmecken wir trotzdem die volle Schönheit eines Pfirsichs am Gaumen? Das entscheidende Stichwort heißt retronasal! Die Aromen gelangen nicht nur durch die Nase, sondern auch hintenrum, also retro, durch den Rachenraum zu den Geschmacksrezeptoren in die Nase. Dass wir den Pfirsich auf der Zunge schmecken, ist also eine Sinnestäuschung.

DAS AROMENRAD

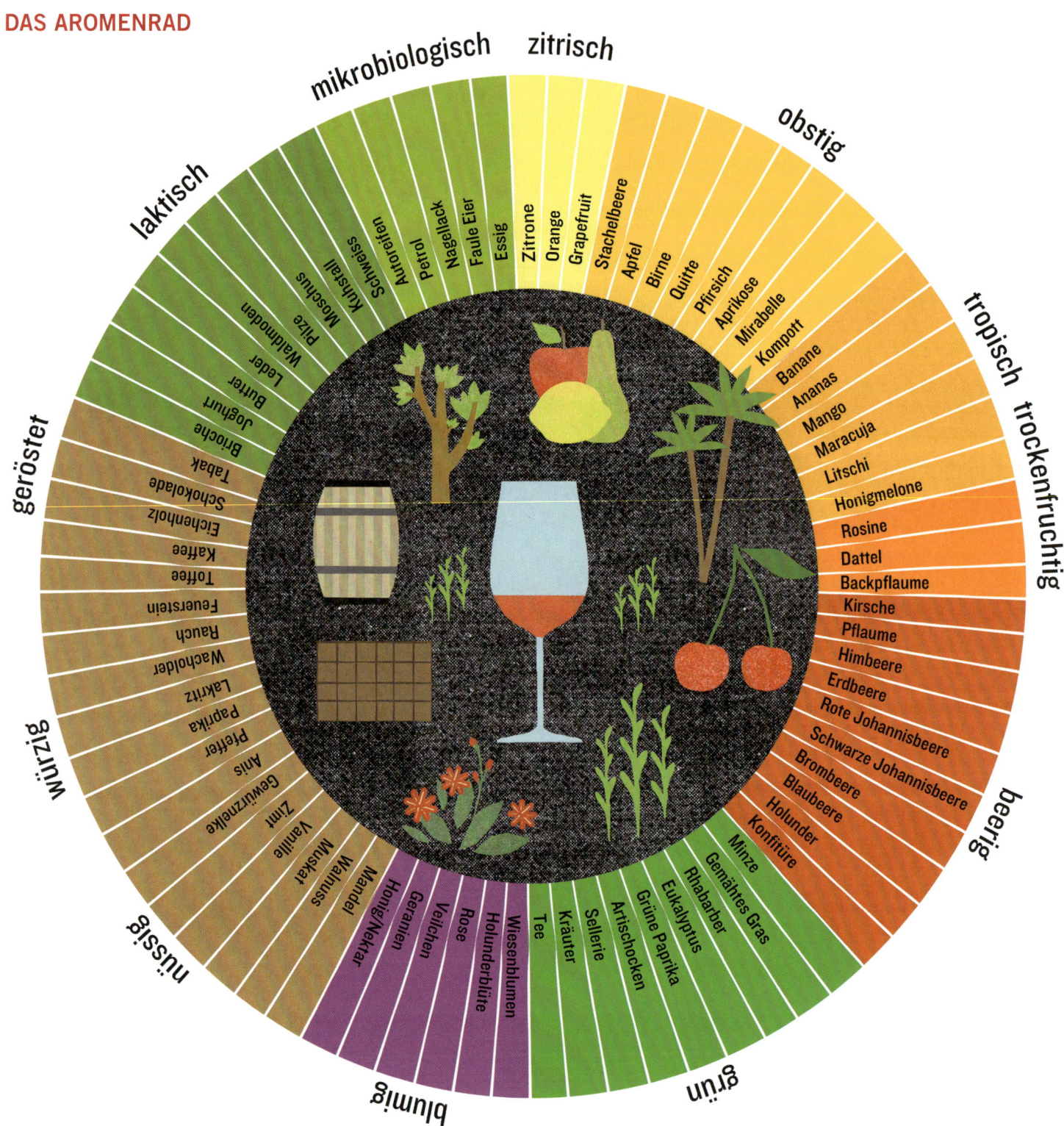

licht eine Ordnung der Aromen von allgemeinen Kategorien im Innenrad bis zum Einzelaroma außen. Keines dieser Räder ist wirklich vollständig, dennoch macht es viel Spaß, mit Freunden einen Wein anhand eines Aromarades abzuschnuppern. Dabei ist hilfreich, sich mit den Duftkategorien ein wenig vertraut zu machen. Denn kaum ein Sinn ist beim Menschen so ausgeprägt und gleichzeitig so wenig sprachlich verfügbar wie der Geruch. Mit den Kategorien fruchtig, blumig, würzig oder vegetabil (grasig und gemüsig) kann noch jeder etwas anfangen. Wenn in dem abgebildeten Aromarad jedoch von karamellisierten, rauchigen oder mikrobiologischen Aromen gesprochen wird, ist eine Einordnung schon nicht mehr so einfach. Darum einige Worte zur Erklärung.

Karamellisierte Aromen oder auch Röstaromen wie Schokolade, Kaffee, Toffee oder Honig sind bei Weinen nicht zwangsläufig ein Zeichen von Süße. Oft steckt dahinter der Ausbau im Barrique, bei dem das Eichenfass diese Noten an den Wein abgibt. Mikrobiologische Aromen entstehen meist während der Gärung. Junge Weißweine schmecken z.B. häufig noch nach Hefe oder Joghurt. Bei Schaumweinen ist dieser Hefeton – auch »Brioche« genannt nach dem französischen Hefegebäck – sogar ein Qualitätsmerkmal. Bei Rotweinen können mikrobiologische Aromen die Form ›animalischer‹ Noten annehmen – also Stallgeruch oder Schweiß: Das kann zu kräftigen Braten oder Wild ganz gut passen.

Zu den rauchigen oder auch balsamischen Noten zählen Tabak, Leder, Petrol, Räucherspeck und die bereits erwähnten Autoreifen. Bei Rotweinen sind sie Ausdruck kräftiger Gerbstoffe, bei Weißweinen Zeichen von Alterung und Reife.

HINTER- UND VORDERGRÜNDIG
Beim Erkunden der Aromen folgen Sie dem Weg vom Vordergründigen zum eher Versteckten, das in Beschreibungen gern mit ›hintergründig‹, ›fein‹ oder ›ein Hauch‹ angegeben wird. Bei Weißweinen fahndet man zunächst nach einer Frucht oder nach Blüten. Danach folgen die grünen oder vegetabilen Aromen wie Gras, Paprika oder Tee, dann die Kräuter. Bei Rotweinen heißt es, erst die Beere – oft auch Marmelade – suchen, dann Gewürze wie Zimt und Vanille oder auch Röstaromen wie Schokolade und Kaffee. Ganz wichtig beim Riechen sind zwei Regeln. Aromen erkennen soll Spaß machen und nicht unter Leistungsdruck setzen. Und: Zu viel nervt!

TROCKENE MATERIE – DIE SACHE MIT DER SÜSSE
Viele Menschen behaupten ganz dogmatisch: »Ich trinke nur trockenen Wein!« Oft ist das aber nur so dahingesagt, weil diese Leute glauben, dass sie nur damit voll im Trend liegen. Viele Winzer und Weinhändler haben die Erfahrung, dass solchen Kunden bei der Probe, wenn sie nicht wissen, was sie vor sich haben, eigentlich

HERRSCHAFTSWISSEN ZUM ANGEBEN

»Brett«

Wie erwähnt können Rotweine animalische Noten, wie Schweiß, nasser Hund, Gülleton oder Stallgeruch entwickeln. Früher wurde das, vielleicht auch, weil es gerade bei kräftigen Rotweinen häufig vorkam, teils sogar als edel oder erwünscht angesehen. Mittlerweile wird dies jedoch weit eher als kellertechnischer Fehler gewertet. Ursache für diesen Ton ist ein fieser kleiner Hefepilz namens Brettanomyces, der sich tief in die Fasswände eingräbt. Wenn ein Winzer sich den also mal über seine Trauben oder gebraucht gekaufte Barriques im Keller eingeschleppt hat, hilft auch kein Putzen mehr. Neue Fässer müssen her! Dieser Fehlton wird, als Abkürzung für den Brettanomyces-Pilz, in Fachkreisen als »Brett« bezeichnet. Wenn Sie also an einem Rotwein schnuppern und den Eindruck haben, Sie hätten sich in einen Kuhstall oder eine ungelüftete Umkleidekabine verirrt, können Sie mit der trockenen Bemerkung »Der hat aber ganz schön Brett!« bei Sommeliers oder selbst ernannten Kennern ziemlich Eindruck schinden.

halbtrockene Weine am besten schmecken. Ein durchgegorener Wein hat zwischen 1 bis maximal 4 Gramm Restzucker pro Liter – also eine Messerspitze pro Glas. Nur so einen Wein würde z.B. ein Franzose als trocken empfinden. Nach deutschem Weingesetz sind in einem trockenen Wein aber 9 Gramm Zucker pro Liter zulässig, was einem halben Teelöffel pro Glas entspricht. Der Erfolg des Prosecco liegt wahrscheinlich darin begründet, dass er zwar dem Namen nach secco – also trocken – zu sein scheint, dabei aber gern mal um die 20 Gramm Restzucker pro Liter und damit einen ganzen Teelöffel pro 0,2 l Glas aufweist. Etwas skurril wird es, wenn durch Wortneuschöpfungen auf dem Etikett wie ›feinherb‹ oder ›Classic‹ den Weintrinkern das halbtrockene Trinken erleichtert werden soll, ohne es offen auszusprechen.

Ein offenerer Umgang mit Süße im Wein ist also angebracht. Halbtrockene Rieslinge von der Mosel oder aus dem Rheingau gelten ja vielen internationalen Weinexperten als Höhepunkt deutscher Weinkultur, weil hier das Spiel zwischen der Süße und der Säure ein wahres Aromenfeuerwerk auf dem Gaumen zündet. Solche halbtrockenen Schmuckstücke gibt es nur in Deutschland, und es ist an der Zeit, ihnen auch im eigenen Land die gebührende Ehre zu erweisen. Eine wundervolle Verbindung gehen halbtrockene oder liebliche Weißweine mit scharfer asiatischer Küche ein. Das Süßsaure findet sich hier sowohl im Wein als auch im Essen, und die Süße nimmt der Schärfe gleichzeitig die Spitze. Viel zu selten trinken wir hierzulande edelsüße Weine – so z.B. einen Eiswein oder einen toskanischen Vin Santo – zum Dessert.

DER TYPENTEST –
WELCHER WEIN PASST ZU MIR?

Alles theoretische Wissen über Rebsorten, Regionen und Weinerzeugung hilft wenig bei der wohl entscheidenden Frage: Welcher Wein schmeckt mir? Die Wahrheit findet sich in der Flasche, und Sie haben die spannende Aufgabe, sie dort selbst zu suchen. Natürlich lässt sich Weingeschmack aber auch auf andere Weise beschreiben und kategorisieren. Ob Ihnen ein Wein schmeckt, hängt an einigen wenigen Substanzen: Säure, Gerbstoffe, Alkohol, Süße, Konzentrat. Die Ausprägung dieser Substanzen formt bestimmte Geschmackstypen im Wein, die eine spontane Zu- oder Abneigung hervorruft: z.B. samtig oder kräftig bei Rotweinen, knackig-frisch oder mild bei Weißweinen. Wenn Ihnen ein Wein eines Geschmackstyps schmeckt, ist die Wahrscheinlichkeit groß, dass es auch alle anderen tun. Die Geschmackstypen geben eine grobe Richtung vor, ganz unabhängig von der Qualität des einzelnen Weines. Ein Beispiel: Wer Fisch mag, wird zur Not auch mit fetttriefenden Fischstäbchen klar kommen. Wer Fisch nicht ausstehen kann, den wird auch der bejubelte Seeteufel eines Sternekochs kalt lassen.

An der Säure scheiden sich die Geister. Das wichtigste geschmackliche Unterscheidungsmerkmal bei Weißwein ist seine Frische oder Milde, also ob er säurebetont oder säurearm ist. Spontan neigen die meisten Menschen zu der Annahme,

sie würden keine Säure im Wein mögen oder sie nicht vertragen. Aber: Urteilen Sie nicht vorschnell! An der Säure hängen Aromen – und zwar nicht nur der Zitronengeschmack. Wenn Sie Noten von Aprikose, Ananas, Pfirsich, Stachelbeere, Kiwi, grünen Apfel oder Johannisbeeren im Wein mögen, sind Sie vielleicht doch nicht so säureabstinent, wie Sie vermuten. Säurearme Fruchtaromen hingegen sind Honigmelone, Mango, Banane, Quitte, reife Birne und Kompott. Neben der Frucht unterscheiden sich die Weine auch in der Mineralität. Säure geht gern einher mit einer leicht salzig-steinigen Komponente, Säurearmut lässt die nussig-bitteren Noten hervortreten. Nicht zuletzt sorgt Säure auch für die sogenannte Länge eines Weines, da sie bildlich gesprochen den Wein über den Gaumen hinausträgt. An der Unterscheidung säurearm oder säurebetont hängen also vielschichtige geschmackliche Muster.

Das zweite zentrale Unterscheidungskriterium bei Weißweinen ist ihre Intensität. Sie kann durch unterschiedliche Faktoren hervorgerufen werden. Da sind zum einen die körpergebenden Geschmacksträger: Alkohol, Süße, aber auch Noten aus dem Eichenfass oder Eichenaroma. Ein mehr an Alkohol oder Süße verstärkt den Eindruck von Üppigkeit eines Weins, er wird »fetter«. Das Eichenfass oder die Eichenchips fügen Weißweinen Aromen von Vanille, Röstung und Butter zu – auch dies bewirkt einen üppigeren, körperreicheren Gesamteindruck. Auf der

153

DIE WEISSEN GESCHMACKSTYPEN

Die vier Geschmackstypen, ihre Merkmale und die wichtigsten Vertreter

Knackig-frisch

Weine wie flüssiges Obst, frisch und belebend, die ein Lächeln auf die Lippen zaubern.
Der fröhliche, aber auch der drahtige Weintyp.
Aromen: Zitrus, Apfel, Pfirsich, Stachelbeere, Stein, Minerale
Essen: perfekt zu grünen Salaten, gegrilltem und gebratenem Fisch, Meeresfrüchten, Pasta mit Sahnesaucen
Stimmung: fröhlich, ausgelassen, sommerlich
Anlass: Partys, Grillfeste, Terrassenabende
Vertreter: Sauvignon blanc, Riesling, Verdejo, Grüner Veltliner, Silvaner

Mild

Weine wie eine sanfte Brise am Mittelmeer. Harmonisch, ausgewogen, im Einklang mit sich selbst. Der Wellnesstyp unter den Weißen.
Aromen: Birne, Honigmelone, weiße Blüten, Mandeln
Essen: perfekt zu Huhn, Spargel, gedünstetem Fisch, Eierspeisen
Stimmung: harmonisch, zweisam, frühlingshaft
Anlass: Menüs, Familienfeiern, Brunch/Buffets
V*ertreter:* Pino Grigio, Gavi, Chardonnay, Weißburgunder, Rivaner

anderen Seite kann Intensität auch die Folge von Reifung, ungewöhnlicher Aromen oder der Aromendichte sein. In diesem Fall geht es nicht um den Körper, sondern die Ausdrucksstärke eines Weines. Ungewöhnliche Aromen sind z.B. der markante Rosenduft des Muskatellers oder die Aromen von frisch gemähtem Gras bei einigen Sauvignon blancs. Bestes Beispiel für einen Reifeton ist der bisweilen penetrante Petrolduft eines alten Rieslings.

Wenn Sie in einem Koordinatenkreuz den Säuregrad auf der x-Achse und die Intensität auf der y-Achse eintragen, erhalten Sie ein Vierfelderschema mit den Geschmackstypen knackig-frisch (säuretont, wenigintensiv), mild (säurearm, wenigintensiv), üppig (säurearm, intensiv) und ausdrucksstark (säurebetont, intensiv).

Üppig

Weine wie ein barockes Gemälde, körperreich, wallend, mit warmen Farben. Der sinnensatte und überwältigende Typ.

Aromen: Mango, Banane, Butter, Walnuss, Vanille, Karamell

Essen: perfekt zu scharfer, süßsaurer oder asiatischer Küche, Kalbsbraten, dunklem Geflügel

Stimmung: schwelgerisch, herbst-winterlich

Anlass: Geschäftsessen, Kaminabend

Vertreter: im Barrique gereifte oder körperreiche Chardonnays, Grauburgunder, Viognier

Ausdruckstark

Weine wie ein Menu in einem Sternerestaurant. Überraschend, faszinierend, aber auch fordernd. Der exzentrische Typ.

Aromen: immer anders – Fruchtkorb, Rosen, Muskat, Petrol, Gras, Anis, Minze

Essen: als Aperitif oder zu sehr ausgefallenen Gewürzen und Speisen

Stimmung: experimentell, glücklich, abenteuerlich

Anlass: Verkostungen, Festtage, verrückte Momente

Vertreter: Muskateller, Riesling Großes Gewächs, hochwertige Sauvignon blancs, Gewürztraminer, Burgunder

Haben Sie sich mit ihrem Geschmack wiedergefunden? Die drei Typen knackig-frisch, mild und üppig sind sehr verbreitet und eigentlich in jedem Supermarkt anzutreffen. Der ausdrucksstarke Typ ist im Alltag selten zu finden, konzentriert er sich doch eher auf hochpreisige Weine und Exoten.

DIE ROTEN GESCHMACKSTYPEN

Bei Rotweinen lassen sich ebenfalls vier Geschmackstypen unterscheiden. Die prägenden Geschmackskomponenten sind dabei die Säure und die Gerbstoffe, auch Tannine genannt.

Das Geschmacksbild von Rotweinen ist insgesamt kompakter und komplexer als das von Weißweinen. Die Wirkung der Säure ist daher nicht so offensichtlich wie bei den Weißen, doch im Hintergrund genauso bestimmend. Ob ein Rotwein eher sanft oder belebend wirkt, ob er nach frischen Beeren oder eher nach Konfitüre schmeckt, ob er samtig oder kantig daherkommt, hängt entscheidend von der Säure ab.

Der zweite Geschmacksträger, die Tannine, unterscheidet die Rotweine von den Weißen. Die Gerbstoffe sitzen, wie wir ja inzwischen wissen, in den Traubenschalen und werden während der Gärung herausgelöst. Das Grundgerüst eines Rotweins, seine Mächtigkeit, seine Alterungsfähigkeit – all das ist abhängig von den Tanninen. In Reinform schmecken sie eher bitter. Bemerkbar macht sich das durch ihre adstringierende, also den Mund zusammenziehende Wirkung und eine gewisse Pelzigkeit auf der Zunge. Dies ist aber nur die eine Seite der Medaille. Auf der anderen, der glänzenden Seite haben sie einen

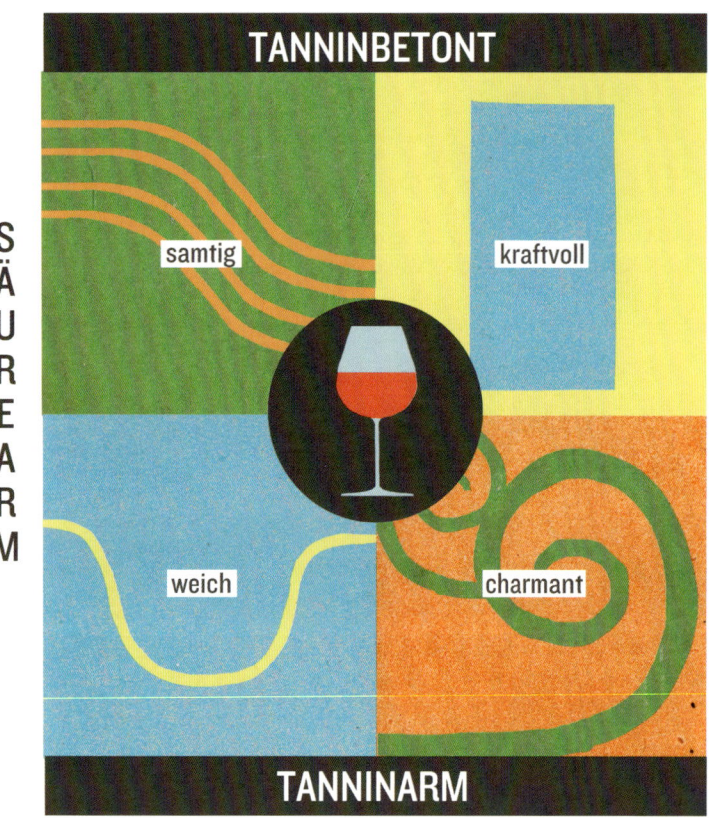

wesentlichen Anteil an den Aromen, die Rotweine so genussreich machen: Schwarze Johannisbeere, Brombeere aber auch Schokolade, Leder, Zimt oder Tabak. Der Gerbstoffgehalt von Rotweinen kann sehr unterschiedlich sein. Er ist abhängig von der Traubensorte, der Art der Gärung und dem Alter des Weins.

Im Geschmack zeigen sich die Tannine bei jungen Weinen oft ›grün‹ und sehr adstringierend. Sie können aber auch gereift und ›schmusig‹ daherkommen und sich samtig an den Gaumen schmiegen. Welcher Eindruck dabei vorherrscht, hängt neben dem Alter des Weins von zwei Faktoren ab. Zum einen beeinflussen sich Säure und Tannine: Je ausgeprägter die Säure im Wein ist, desto kräftiger schmecken die Tannine. Zum anderen können die Tannine durch den Ausbau

im Barrique besänftigt werden. Die Barrique gibt eigene, sehr weiche Gerbstoffe an den Wein ab, gleichzeitig verliert der Wein während der Barrique-Reifung seine aggressive Säure.

Tragen wir den Säuregrad eines Rotweins auf der x-Achse und den Tanningehalt auf der y-Achse eines Koordinatenkreuzes ein, erhalten wir das Vierfelderschema der roten Geschmackstypen: weich (säurearm, tanninarm), charmant (saürebetont/tanninarm), samtig (säurearm, tanninreich) und kräftig (säurebetont/tanninreich).

DIE ROTEN GESCHMACKSTYPEN

Die vier Geschmackstypen, ihre Merkmale und die wichtigsten Vertreter

Weich

Weine wie ein sanfter Kuss nach einem anstrengenden Tag. Mild, flauschig, ohne Ecken und Kanten. Der zartfühlende Typ unter den Weinen
Aromen: Pflaume, Kirschkompott, Vanille, Kräuter, Toffee
Essen: Spaghetti bolognese, Omelett, Rippchen mit Sauerkraut
Stimmung: entspannt, feierabendlich, einfühlsam
Anlass: Fernsehabend, Nachbarn treffen, Absacker
Vertreter: Dornfelder, Merlot, Salice Salentino, Grenache

Charmant

Weine wie ein kecker Erdbeermund. Übermütig, erfrischend, bisweilen elegant. Das kleine Schwarze unter den Weinen.
Aromen: Erdbeere, Himbeere, Kirsche, Mandel, Anis
Essen: Schweinesteak, Coq au vin, Thunfisch
Stimmung: sympathisch, kreativ, schwebend, sommerlich
Anlass: Menu, Party, Spieleabend
Vertreter: Spätburgunder, Pinot Noir, Gamay, Bardolino, Roséweine

Samtig

Weine wie ein Sonnenuntergang auf dem Gaumen. Sinnlich, glühend, elektrisierend. Der verführerische Typ unter den Weinen.
Aromen: Beerenkonfitüre, Holunder, Schokolade, Zimt, Pfeffer, Toffee
Stimmung: feierlich, erotisch, glücklich, kuschelig
Essen: kurz gebratenes oder gegrilltes dunkles Fleisch, asiatische Ente, Kaninchen
Anlass: Candle-Light, Grillabend, Selbstbelohnung
Vertreter: Rioja, Nero d'Avola, Shiraz, Merlot

Kraftvoll

Weine wie ein Rockkonzert. Druckvoll, mit Herzblut, unangepasst. Der charakterstarke Typ unter den Weinen.

Aromen: Schwarze Johannisbeere, Blaubeere, Leder, Kaffee, Waldboden
Stimmung: tiefgründig, herzlich, ausgelassen, winterlich
Anlass: Festtagsbraten, Herrenabend, Segeltörn/Kurzurlaub
Essen: Schmorbraten, Wild, Pizza, Tomatensaucen
Vertreter: Bordeaux, Cabernet Sauvignon, Chianti, Nebbiolo, Côtes du Rhône

Selbstverständlich werden Sie je nach Anlass und Jahreszeit ein gewisses Maß an Geschmackstypen-Hopping betreiben. Aber die Erfahrung zeigt, dass die Menschen immer wieder zu ihrem angestammten Geschmacksrichtungen zurückkehren. Wer beispielsweise milde Weiße und weiche Rote bevorzugt, findet andere Weine mal ganz interessant, aber im tiefen Herzen bzw. der Kehle eigentlich zu sauer und zu kratzig. Steht man andererseits auf knackige Weiße oder kraftvolle Rote, schmeckt alles andere zwar nett – aber irgendwie fade und vielleicht doch ein bisschen zu weich gespült.

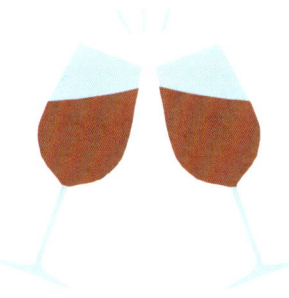

Bleibt die Frage, wie Sie nun Weine nach Ihrem Geschmackstyp finden. Auf den Etiketten steht er leider nicht. Aber mit den hier gegebenen Informationen und Stichworten sollte jeder Winzer oder Weinhändler in der Lage sein, Ihnen entsprechende Weine zu empfehlen.

REGISTER

IMPRESSUM

Der Autor

Gerd Rindchen, gebürtiger Pfälzer, hat seine Liebe zum Wein schon früh entdeckt. Bereits mit 18 Jahren zog er mit seinem VW-Bus durch die Lande, kaufte Wein bei Winzern ein, lagerte diesen in der Garage seiner Eltern, um ihn dann weiter zu verkaufen. Aus Hobby wurde Profession: 1983 gründete er in seiner neuen Heimat Hamburg das erste Rindchen's Weinkontor Weinkontor. Mittlerweile sind es stolze elf Kontore über Deutschland verteilt. Seiner heimlichen Liebe, dem Schreiben, frönt er in Restaurantkritiken für das Hamburger Morgenpost, die Hamburger Abendblatt und aktuell auch für die »Welt«. Bei der Berliner Weintrophy, einem der bedeutendsten Weinwettbewerbe der Welt unter dem Patronat der OIV (Internationale Önologenvereinigung) wurde er zum Deutschlands Weinhändler des Jahres 2012, Weinhändler des Jahres 2011 und Weinimporteur des Jahres 2010 ausgezeichnet.

Die Fotografen

Armin Faber und **Thomas Pothmann** – Faber & Partner – fotografieren Menschen und Szenen rund ums Genießen. Ihr Archiv umfasst über 200.000 Bilder, mit Fotos u. a. von Weingütern aus der ganzen Welt, Persönlichkeiten aus der Gourmet- und Weinszene sowie Studioproduktionen zu kulinarischen Themen. Viele Koch- und Weinbücher sind mit Fotos von Armin Faber und Thomas Pothmann illustriert, noch mehr Magazine und Fachzeitschriften haben mit ihren Bildern die Leser begeistert.

Der Illustrator

Cristobal Schmal, 1977 in Arica Chile geboren, studierte in seinem Geburtsland an der Universität von Valparaiso zwischen 1996 und 2001 Grafik-design. Nach einem Intermezzo in Barcelona, wo er für verschiedene Design-Firmen arbeitete, verschlug es ihn 2008 nach Berlin. Cristobal Schmal arbeitet als freischaffende Illustrator; seine Arbeiten finden sich u. a. in der New York Times und der le Monde. Sein handwerkliches Können und sein klarer Stil machen seine Bilder unverwechselbar. Unter www.artnomono.com ist mehr von ihm zu finden.

© 2012 GRÄFE UND UNZER VERLAG GmbH, München.

Bildnachweis

Alle Bilder: Armin Faber, Düsseldorf
Alle Illustrationen: Cristobal Schmal, Berlin

Idee, Konzept und Projektleitung:
Stephanie Wenzel
Korrektorat: Mischa Gallé
Umschlag und Layout: independent Medien-Design, Horst Moser, München
Herstellung: Markus Plötz
Satz: Maren Gehrmann
Repro: Ludwig, Zell am See
Druck und Bindung: Firmengruppe APPL, Wemding

ISBN 978-3-8338-2727-3

1. Auflage 2012

Umwelthinweis: Dieses Buch ist auf PEFC-zertifiziertem Papier aus nachhaltiger Waldwirtschaft gedruckt.

GRÄFE UND UNZER

Ein Unternehmen der
GANSKE VERLAGSGRUPPE

Liebe Leserin und lieber Leser,

wir freuen uns, dass Sie sich für ein HALLWAG-Buch entschieden haben. Mit Ihrem Kauf setzen Sie auf die Qualität, Kompetenz und Aktualität unserer Bücher. Dafür sagen wir Danke! Ihre Meinung ist uns wichtig, daher senden Sie uns bitte Ihre Anregungen, Kritik oder Lob zu unseren Büchern. Haben Sie Fragen oder benötigen Sie weiteren Rat zum Thema? Wir freuen uns auf Ihre Nachricht!

Wir sind für Sie da!
Montag – Donnerstag:
8.00–18.00 Uhr
Freitag:
8.00–16.00 Uhr

Tel.: 0180-5 00 50 54*
Fax: 0180-5 01 20 54*
*(0,14 €/Min. aus dem dt. Festnetz/Mobilfunkpreise max. 0,42 €/Min.)
E-Mail: leserservice@ graefe-und-unzer.de

GRÄFE UND UNZER Verlag
Leserservice
Postfach 860313
81630 München